STARK

Informationen zur Praxis

Praxisinhaber	Dr. med. Stefanie Hader (LANR: 123456704) Dr. med. Gregor Weiser (LANR: 987654302)
Adresse	Gartenstraße 86, 81379 München
Telefon	089/678987-0
Fax	089/678987-20
E-Mail	info@haderweiser.de
BSNR	715986300
Bankverbindungen	Stadtsparkasse München: IBAN DE32 7015 0000 1079 3270 00 Deutsche Bank: IBAN DE58 5007 0024 0123 4567 89
Personal	Praxismanagerin: Tanja Stein MFA Vollzeit: Ayse Cenoglou MFA Teilzeit: Sarah Groß Azubi 1. Ausb.jahr: Frank Klein, 16 Jahre Azubi 2. Ausb.jahr: Martina Knöpfle, 17 Jahre Azubi 3. Ausb.jahr: Sie
Sprechzeiten	Mo–Fr: 08:00–12:00 Uhr Mo–Mi: 14:00–16:00 Uhr Do: 14:00–18:00 Uhr

Sie sind in der oben genannten Arztpraxis als Auszubildende*r im 3. Ausbildungsjahr beschäftigt. Frau Dr. Hader und Herrn Dr. Weiser liegen alle erforderlichen Genehmigungen vor.

Abschlussprüfung

Medizinische Fachangestellte

STARK

© 2023 STARK Verlag GmbH, Claudius-Keller-Str. 3c, 81669 München, info@stark-verlag.de
www.stark-verlag.de
1. Auflage 2020

Inhalt

Aufgaben und Hinweise verfasst von:

Stefan Hartl, Martin Schmied

Christian Bill, Mirko Eckhardt und Alexander Scharl (Wirtschafts- und Sozialkunde)

Vorwort

Liebe Auszubildende,

mit dem vorliegenden Band können Sie sich effektiv auf die **schriftliche Abschlussprüfung zur/zum Medizinischen Fachangestellten** vorbereiten.

Die **vier enthaltenen Prüfungssets** orientieren sich sowohl inhaltlich als auch von den Fragestellungen an den Prüfungen der Bayerischen Landesärztekammer. Sie bieten Ihnen die Möglichkeit, einzelne Bereiche und Aufgabentypen zu üben und eine Testsimulation als Generalprobe durchzuführen.

- In den **Hinweisen und Tipps zur Abschlussprüfung** zu Beginn dieses Buchs finden Sie alle wichtigen Informationen zu den Prüfungsmodalitäten (Prüfungsinhalte, Bewertung der Aufgaben, Hinweise zum Bestehen etc.).
- Eine Übersicht zur Musterpraxis, auf die sich alle Prüfungssets beziehen, finden Sie im **Ausklappbogen** vorne im Buch. Zusätzlich sind dort einige Formeln aufgeführt, die für die Abschlussprüfung besonders relevant sind.
- Die vier Prüfungssets bestehen aus den Prüfungsteilen **Behandlungsassistenz, Betriebsorganisation und -verwaltung** sowie **Wirtschafts- und Sozialkunde**.
- Der **Prüfungsteil Behandlungsassistenz** beinhaltet auch die Abrechnung ärztlicher Leistungen. In diesem Band liegt der Schwerpunkt bei drei Prüfungsteilen auf der Abrechnung von Leistungen der Gesetzlichen Krankenversicherung („Kassenleistungen“; Gebührenordnungspositionen **GOP**), ein Prüfungsteil enthält vermehrt Aufgaben zur Privatliquidation (Gebührenordnung für Ärzte **GOÄ**).
- Zu allen Prüfungsaufgaben stehen Ihnen **umfangreiche Musterlösungen** sowie zusätzliche Hilfestellungen in *Kursivdruck* zur Verfügung.

Wir wünschen Ihnen viel Ausdauer, viel Erfolg für die Prüfung und einen guten Start in Ihr Berufsleben!

1 Die Prüfungsinhalte

Die Prüfung zur bzw. zum Medizinischen Fachangestellten besteht aus einem schriftlichen und einem praktischen Teil.

Schriftliche Prüfung

Der schriftliche Teil der Prüfung umfasst die Bereiche **Behandlungsassistenz, Betriebsorganisation und -verwaltung sowie Wirtschafts- und Sozialkunde**. Gemäß Verordnung über die Berufsausbildung zum Medizinischen Fachangestellten/zur Medizinischen Fachangestellten (vom 26. April 2006; Bundesgesetzblatt Jahrgang 2006 Teil I Nr. 22) sind folgende Bearbeitungszeiten für die einzelnen Prüfungsbereiche vorgesehen:

Prüfungsbereich	Prüfungsdauer
Behandlungsassistenz	max. 120 Minuten
Betriebsorganisation und -verwaltung	max. 120 Minuten
Wirtschafts- und Sozialkunde	max. 60 Minuten

Beachten Sie, dass es sich hierbei um Höchstwerte der Prüfungsdauer handelt, die auch unterschritten werden können, wenn die schriftliche Prüfung in programmierter Form abgehalten wird. Auf Grundlage der o. g. Verordnung existieren Prüfungsordnungen, die von den jeweiligen Landesärztekammern erlassen wurden. Da sich dieser Band an der Prüfungsordnung bzw. den Prüfungen der Bayerischen Landesärztekammer orientiert, sind im Buch die folgenden zeitlichen Regelungen aufgegriffen:

Prüfungsbereich	Prüfungsdauer
Behandlungsassistenz (BA)	90 Minuten
Betriebsorganisation und -verwaltung (BOV)	90 Minuten
Wirtschafts- und Sozialkunde	30 Minuten

Für eine Testsimulation mit den Prüfungssets in diesem Band sollten Sie sich daher an diesen zeitlichen Vorgaben orientieren.

Laut bereits erwähnter, **bundesweit geltender Verordnung** liegen den einzelnen Prüfungsbereichen folgende Themengebiete zugrunde:

Behandlungsassistenz:
- Qualitätssicherung
- Zeitmanagement
- Schutz vor Infektionskrankheiten
- Arzneimittel, Sera, Impfstoffe, Heil- und Hilfsmittel
- Patientenbetreuung und -beratung
- Grundlagen der Prävention und Rehabilitation
- Laborarbeiten
- Datenschutz und Datensicherheit
- Dokumentation
- Handeln bei Notfällen
- Abrechnung erbrachter Leistungen

Betriebsorganisation und -verwaltung:
- Gesetzliche und vertragliche Bestimmungen der medizinischen Versorgung
- Arbeiten im Team
- Verwaltungsarbeiten
- Dokumentation
- Marketing
- Zeitmanagement
- Datenschutz und Datensicherheit
- Organisation der Leistungsabrechnung
- Materialbeschaffung und -verwaltung

Wirtschafts- und Sozialkunde:
Der Prüfling soll praxisbezogene Aufgaben aus der Berufs- und Arbeitswelt bearbeiten und dabei zeigen, dass er allgemeine wirtschaftliche und gesellschaftliche Zusammenhänge darstellen kann.

Quelle: Verordnung über die Berufsausbildung zum Medizinischen Fachangestellten / zur Medizinischen Fachangestellten (vom 26. April 2006; Bundesgesetzblatt Jahrgang 2006 Teil I Nr. 22)

Praktische Prüfung

Im Rahmen der **praktischen Prüfung** ist in höchstens 75 Minuten eine komplexe Prüfungsaufgabe zu bearbeiten und in einem Prüfungsgespräch zu erläutern. Das Gespräch sollte dabei eine Dauer von 15 Minuten nicht überschreiten. Für die praktische Simulation kommen folgende Bereiche infrage:
- Assistieren bei Diagnose- und Therapiemaßnahmen einschließlich
- Betreuen des Patienten oder der Patientin vor, während und nach der Behandlung
- Pflegen, Warten und Handhaben von Geräten und Instrumenten
- Durchführen von Hygienemaßnahmen
- Abrechnen und Dokumentieren von Leistungen
- Aufklären über Möglichkeiten und Ziele der Prävention
- Durchführen von Laborarbeiten

2 Bestehensregelungen

Zum **Bestehen** der Abschlussprüfung muss jeweils im praktischen und schriftlichen Teil der Prüfung eine mindestens „ausreichende" (4,4) Prüfungsleistung vorliegen. Innerhalb des schriftlichen Teils müssen zwei Prüfungsbereiche mindestens mit „ausreichend" bewertet sein. Wird ein Prüfungsbereich mit „ungenügend" absolviert, so ist die Prüfung nicht bestanden.

Mündliche Ergänzungsprüfung

Sind im schriftlichen Teil der Prüfung die Prüfungsleistungen in bis zu zwei Bereichen mit „mangelhaft" und im übrigen Bereich mit mindestens „ausreichend" bewertet, kann eine mündliche Ergänzungsprüfung durchgeführt werden. Dabei wird auf Antrag des Prüflings und Ermessen des Prüfungsausschusses in einem der mit „mangelhaft" bewerteten Bereiche die schriftliche durch eine mündliche Prüfung ergänzt, wenn diese für das Bestehen der Prüfung den Ausschlag geben kann. Die mündliche Ergänzungsprüfung darf höchstens 15 Minuten dauern. Der Bereich kann dabei vom Prüfling selbst gewählt werden.

3 Gewichtung und Bewertung der Prüfungsbereiche

Die einzelnen Prüfungsbereiche innerhalb der schriftlichen Prüfung werden folgendermaßen gewichtet:

Prüfungsbereich	Gewichtung
Behandlungsassistenz	40 %
Betriebsorganisation und -verwaltung	40 %
Wirtschafts- und Sozialkunde	20 %

Bei der Bewertung der Prüfungsleistungen gilt folgender Notenschlüssel:

Prozent	Differenzierte Bewertung	Bewertung
100–92 %	1,0–1,4	sehr gut
91–81 %	1,5–2,4	gut
80–67 %	2,5–3,4	befriedigend
66–50 %	3,5–4,4	ausreichend
49–30 %	4,5–5,4	mangelhaft
29–0 %	5,5–6,0	ungenügend

4 Hinweise zur Bearbeitung der schriftlichen Prüfung

Beachten Sie die folgenden Punkte zur erfolgreichen Bearbeitung der Prüfung. Einige Aspekte können Sie auch schon mit diesem Band während der Vorbereitung trainieren.

- Sie können frei entscheiden, in welcher **Reihenfolge** Sie die Aufgaben bearbeiten wollen. Wenn sich Aufgaben auf eine vorangehende Situationsbeschreibung beziehen, empfiehlt es sich jedoch, die ursprüngliche Aufgabenreihenfolge beizubehalten. So verlieren Sie nicht den Überblick und Zusammenhänge sind einfacher zu erkennen. Verharren Sie trotzdem nicht zu lange bei einer Aufgabe, wenn Sie die Lösung nicht finden. Versuchen Sie stattdessen, die nächsten Aufgaben zu lösen, und kehren Sie später zu der noch ungelösten Aufgabe zurück.
- Falls Sie eine Aufgabe tatsächlich nicht beantworten können, versuchen Sie unbedingt, möglichst sinnvolle Antworten zu finden. **Lassen Sie keine Aufgabe unbeantwortet**.
- In den Prüfungsbereichen Behandlungsassistenz und Betriebsorganisation und -verwaltung sind jeweils **komplexe Situationsaufgaben** zu bearbeiten. Dabei wird eine Situation genauer erläutert und vorgestellt. Zur Lösung der Aufgaben muss anschließend genau auf die beschriebene Situation eingegangen werden.
- Bei den Aufgaben zur **Abrechnung** vertragsärztlicher Leistungen geht es sowohl um Leistungen der gesetzlichen Krankenversicherung als auch von individuellen Gesundheitsleistungen (IGeL), Privatliquidation (Gebührenordnung für Ärzte GOÄ) sowie Leistungen der Unfallversicherung (UV – GOÄ).
- Im Prüfungsbereich Behandlungsassistenz gibt es bei **falscher Rechtschreibung eines medizinischen Fachbegriffs 0,5 Punkte Abzug**. Bei mehreren Rechtschreibfehlern innerhalb eines Fachbegriffs kann dies zu einer Bewertung mit 0 Punkten führen. Schreiben Sie daher gut lesbar.
- Wird in einer **Aufgabenstellung eine bestimmte Anzahl** gefordert (Beispiel: „Nennen Sie drei Faktoren."), werden in diesem Beispiel also nur die ersten drei aufgeführten

Faktoren gewertet. Achten Sie daher auf eine eindeutige Kennzeichnung und vermeiden Sie es in diesen Fällen, zusätzliche Angaben zu notieren.

Kaufmännisches Runden

- Beachten Sie beim Lösen von **Rechenaufgaben**, dass das Endergebnis kaufmännisch zu runden ist. Ist die relevante Nachkommastelle kleiner oder gleich 4, müssen Sie abrunden. Ist diese größer oder gleich 5, wird hingegen aufgerundet.

Hilfsmittel

- In der schriftlichen Abschlussprüfung sind keinerlei Hilfsmittel in digitaler Form erlaubt. Einzig ein nicht programmierbarer Taschenrechner ist zulässig. Für die Bearbeitung der Aufgaben zur Abrechnung vertragsärztlicher Leistungen (Prüfungsbereich BA) dient Ihnen der **„Einheitliche Bewertungsmaßstab“** (EBM, inklusive GOÄ und UV – GOÄ) in Buchform als Hilfsmittel. Für die Prüfung in Bayern gilt, dass Sie das Buch nicht mit fachlichen Hinweisen versehen dürfen. Auch etwaige Klebezettel zur Markierung der einzelnen Kapitel dürfen nicht beschriftet werden.

5 Bearbeitungstipps zu diesem Buch

In diesem Buch finden Sie vier Prüfungssets, die im Stil der Prüfungen der Bayerischen Landesärztekammer gestaltet sind. Die Prüfungen enthalten verschiedene Aufgabentypen. Oft vorkommende Aufgabentypen werden nachfolgend am Beispiel Behandlungsassistenz kurz dargestellt.

Ungebundene Aufgaben

Ungebundene Aufgaben

Sie müssen die Antworten frei formulieren, wobei eine stichpunktartige Auflistung je nach Aufgabenstellung meist ausreicht.

Beispielaufgabe:
Nennen Sie die „3A“ des Strahlenschutzes.

Single Choice-Aufgaben

Single Choice-Aufgaben

In diesem Fall stehen fünf Antwortmöglichkeiten zur Auswahl. Tragen Sie die Kennziffer der zutreffenden Aussage in das dafür vorgesehene Kästchen ein. Beachten Sie, dass auch nach einer falschen Aussage gefragt werden kann (vgl. Beispielaufgabe).

Beispielaufgabe:
Welche Aussage hinsichtlich Osteoporose ist **falsch**?

1 Eine calciumreiche Ernährung erreicht man vor allem durch den Verzehr von Nudeln.

2 Osteoklasten sind für den Abbau von Knochensubstanz zuständig.

3 Vor allem Frauen nach den Wechseljahren gelten als Risikogruppe. ▶ ☐

4 Übermäßiger Konsum phosphathaltiger Getränke wie Cola erhöhen das Osteoporoserisiko.

5 Angemessenes körperliches Training kann Osteoporose positiv beeinflussen.

Multiple Choice-Aufgaben

Zuordnungsaufgaben/Multiple Choice-Aufgaben

Bei diesem Aufgabentyp ist eine gewisse Zahl an Möglichkeiten vorgegeben. Sie müssen die richtigen auswählen und passend zuordnen. Dabei schreiben Sie die richtigen Ziffern der Auswahlmöglichkeiten in das Kästchen hinter die Begriffe.

Beispielaufgabe:
Ordnen Sie den deutschen Bezeichnungen drei der insgesamt sechs Fachausdrücke zu, indem Sie die Kennziffern in das entsprechende Kästchen eintragen.

[1] Analgetika
[2] Antikoagulantien
[3] Sedativa
[4] Antiphlogistika
[5] Expektorantia
[6] Antipyretika

entzündungshemmende Mittel ▶ ☐
fiebersenkende Mittel ▶ ☐
schmerzstillende Mittel ▶ ☐

Kombinations-aufgaben

Kombinationsaufgaben

Bei diesen Aufgaben sind fünf Antwortmöglichkeiten vorgegeben, wobei jede richtig oder falsch sein kann. Außerdem sind bereits verschiedene Kombinationen aus Antwortmöglichkeiten vorgegeben. Aus diesen müssen Sie dann die Kombination mit den richtigen Antwortmöglichkeiten auswählen und die entsprechende Ziffer in das Kästchen schreiben.

Beispielaufgabe:
Welche der folgenden Erkrankungen gelten als Komplikationen von Scharlach? Wählen Sie die richtige Kombination aus.

Aussagen:	Kombinationen:
a Rheumatisches Fieber	[1] a – c – e
b Meningitis	[2] b – c – d
c Myokarditis	[3] a – b – d – e ▶ ☐
d Glomerulonephritis	[4] a – c – d
e Arthritis urica	[5] b – e

6 Tipps für mathematische Aufgaben

Ca. 20 bis 30 Punkte erhält man in der Abschlussprüfung auf Aufgaben, die mathematisch zu lösen sind. Im Folgenden sollen grundlegende Lösungsmöglichkeiten für diese Aufgaben aufgezeigt werden.

Dreisatz

Dreisatz mit geradem Verhältnis

Bei einem Dreisatz mit geradem Verhältnis ändern sich beide Größen in gleichem Verhältnis:
mehr Kanülen → mehr Geld
weniger Kanülen → weniger Geld

Beispielaufgabe:
Sie kaufen für die Praxis 250 Kanülen im Wert von 62,50 €. Welche Kosten entstehen für 271 Kanülen?

Lösung:

Dreisatz:

$$
\begin{array}{lrcll}
:250 & 250\,\text{Stück} & \triangleq & 62{,}50\,€ & :250 \\
 & 1\,\text{Stück} & \triangleq & 0{,}25\,€ & \\
\cdot 271 & 271\,\text{Stück} & \triangleq & 67{,}75\,€ & \cdot 271
\end{array}
$$

Bruchsatz:

$$\frac{62{,}50\,€}{250\,\text{Stück}} \cdot 271\,\text{Stück} = 67{,}75\,€$$

Dreisatz mit ungeradem Verhältnis

Bei einem Dreisatz mit ungeradem Verhältnis entwickeln sich die beiden Größen genau entgegengesetzt:
mehr Arbeiter → weniger Zeit
weniger Arbeiter → mehr Zeit

Beispielaufgabe:
Für die Renovierung der Praxis benötigen 6 Arbeiter 20 Tage.
Wie lange brauchen 8 Arbeiter?

Lösung:

Dreisatz:

$$
\begin{array}{lrcll}
:6 & 6\text{ Arbeiter} & \triangleq & 20\text{ Tage} & \cdot 6 \\
 & 1\text{ Arbeiter} & \triangleq & 120\text{ Tage} & \\
\cdot 8 & 8\text{ Arbeiter} & \triangleq & 15\text{ Tage} & :8
\end{array}
$$

Bruchsatz:

$$\frac{6\text{ Arbeiter} \cdot 20\text{ Tage}}{8\text{ Arbeiter}} = 15\text{ Tage}$$

Prozentrechnung

Prozentrechnung

Grundwert: Der Grundwert ist „das Ganze“, d. h. 100 %.
Beispiel: eine ganze Pizza

Prozentwert: Der Prozentwert ist ein bestimmter Anteil vom Ganzen. Berechnet wird er mithilfe des Prozentsatzes.
Beispiel: 3 Stück von einer ganzen Pizza

Prozentsatz: Der Prozentsatz entspricht einem Anteil vom Ganzen. Er wird als Teil von Hundert oder in Prozent angegeben.
Beispiel: $\frac{1}{4}$ Pizza $\triangleq \frac{25}{100}$ Pizza $\triangleq$ 25 von 100 $\triangleq$ 0,25 $\triangleq$ 25 %

Grundwert

Um den Grundwert zu erhalten, muss man berechnen, wie groß das Ganze, also 100 % sind. Für die Berechnung des Grundwerts müssen der Prozentwert und der Prozentsatz gegeben sein.

Beispielaufgabe:
Eine Praxis zahlt für einen Fernseher 30 % des kompletten Kaufpreises an, das sind 149,70 €. Welchen Kaufpreis hat der Fernseher?

Lösung:
Grundwert: Kaufpreis des Fernsehers (≙ 100 %)
Prozentwert: 149,70 €
Prozentsatz: 30 %

Dreisatz:

$$\begin{array}{lrcll} :30 & 30\,\% & \triangleq & 149{,}70\,€ & :30 \\ & 1\,\% & \triangleq & 4{,}99\,€ & \\ \cdot 100 & 100\,\% & \triangleq & 499{,}00\,€ & \cdot 100 \end{array}$$

Formel:

$$\text{Grundwert} = \frac{\text{Prozentwert} \cdot 100}{\text{Prozentsatz}} = \frac{149{,}70\,€ \cdot 100}{30} = 499{,}00\,€$$

Operator:
Prozentsatz: 30 % ≙ 0,30
Grundwert = 149,70 € : 0,30 = 499,00 €

Prozentwert

Bei der Berechnung des Prozentwerts wird ermittelt, welchen konkreten Anteil vom Ganzen man besitzt, z. B. wie viel Stück man von einer kompletten Pizza hat. Zur Berechnung müssen die beiden Größen Grundwert und Prozentsatz gegeben sein.

Beispielaufgabe:
Eine Praxis erzielt Einnahmen von 1.330.438,00 €, die Personalkosten nehmen 35 % des Umsatzes ein. Wie hoch sind die Personalkosten der Praxis in Euro?

Lösung:
Grundwert: 1.330.438,00 € (≙ 100 %)
Prozentwert: Höhe der Personalkosten in Euro
Prozentsatz: 35 %

Dreisatz:

$$\begin{array}{lrcll} :100 & 100\,\% & \triangleq & 1.330.438{,}00\,€ & :100 \\ & 1\,\% & \triangleq & 13.304{,}38\,€ & \\ \cdot 35 & 35\,\% & \triangleq & 465.653{,}30\,€ & \cdot 35 \end{array}$$

Achtung: An dieser Stelle sollte nicht gerundet werden!

Formel:

$$\text{Prozentwert} = \frac{\text{Grundwert} \cdot \text{Prozentsatz}}{100} = \frac{1.330.438{,}00\,€ \cdot 35}{100} = 465.653{,}30\,€$$

Operator:
Prozentsatz: 35 % ≙ 0,35
Prozentwert = 1.330.438,00 € · 0,35 = 465.653,30 €

Prozentsatz

Der Prozentsatz ist der Anteil vom Ganzen in Prozent, er wird immer als Teil von Hundert angegeben. Die Größen Grundwert und Prozentwert müssen dabei gegeben sein.

Beispielaufgabe:
Eine Praxis zahlt für einen PC mit einem Kaufpreis von 799,00 € einen Betrag von 359,55 € an. Welchen Prozentsatz des Gesamtbetrags zahlt die Praxis an?

Lösung:
Grundwert: 799,00 €
Prozentwert: 359,55 €
Prozentsatz: Anzahlung in Prozent

Dreisatz:

$$:100 \left(\begin{array}{l} 100\,\% \mathrel{\hat{=}} 799{,}00\,€ \\ 1\,\% \mathrel{\hat{=}} 7{,}99\,€ \end{array} \right) :100$$

$$x\,\% \mathrel{\hat{=}} 359{,}55\,€ : 7{,}99\,€ = 45\,\%$$

Formel:

$$\text{Prozentsatz} = \frac{\text{Prozentwert} \cdot 100}{\text{Grundwert}}\,\% = \frac{359{,}55\,€ \cdot 100}{799{,}00\,€}\,\% = 45\,\%$$

Operator:
Prozentsatz = Prozentwert : Grundwert
$359{,}55\,€ : 799{,}00\,€ = 0{,}45$
$0{,}45 \mathrel{\hat{=}} 45\,\%$

Vermehrter und verminderter Grundwert

Vermehrter Grundwert

Beim vermehrten Grundwert steigt der reine Grundwert um einen bestimmten Zuschlag (z. B. Mehrwertsteuer, Gewinnzuschlag) in Prozent, sodass er über 100 % liegt.

Beispielaufgabe:
Aufgrund besonders guter Leistungen erhält eine MFA eine Gehaltserhöhung von 3,0 %. Sie bekommt nun 1.236,00 € ausbezahlt. Wie hoch (in €) war das Gehalt vor der Erhöhung?

Vorüberlegung:
Der ursprüngliche Wert, von dem eine Erhöhung ausgegangen ist, beträgt immer 100 % ⇒ hier das Gehalt vor der Gehaltserhöhung.

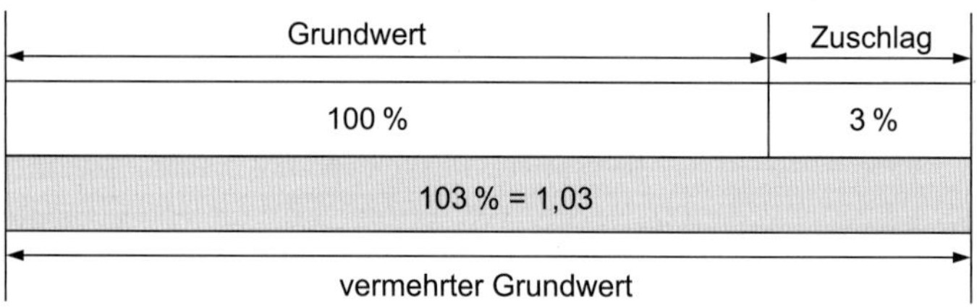

Der Wert nach der Erhöhung muss also über 100 % liegen ⇒ hier das Gehalt nach der Gehaltserhöhung, also 103 % (ursprüngliches Gehalt + Erhöhung).

Lösung:

Dreisatz:

$$:103 \left(\begin{array}{l} 103\,\% = 1.236{,}00\,€ \\ 1\,\% = 12{,}00\,€ \end{array} \right) :103$$

$$\cdot 100 \left(\; 100\,\% = 1.200{,}00\,€ \; \right) \cdot 100$$

Verminderter Grundwert

Beim verminderten Grundwert geht die Rechnung von einem Wert aus, der unter dem Wert des Ganzen (= 100 %) liegt. Geläufige Berechnungen des verminderten Grundwertes sind Skontoberechnung, Rabatte und Preissenkungen.

Beispielaufgabe:
Wegen einer guten Kundenbeziehung gibt ein Lieferant 2 % Skonto auf eine Rechnung und die Praxis zahlt 2.508,80 €. Wie hoch war der ursprüngliche Rechnungsbetrag?

Vorüberlegung:
Der ursprüngliche Wert, von dem eine Minderung ausgegangen ist, beträgt immer 100 % ⇒ hier der Rechnungsbetrag vor der Preisminderung aufgrund von Skonto.

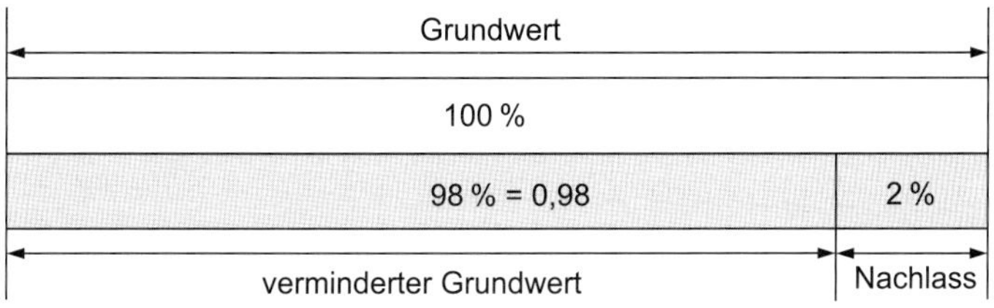

Der Wert nach der Minderung muss also unter 100 % liegen ⇒ hier der Rechnungsbetrag nach Skontoabzug, also 98 % (ursprünglicher Rechnungsbetrag – Skonto).

Lösung:

Dreisatz:

$$\begin{aligned} &98\,\% = 2.508{,}80\,€ \\ :98 \quad &1\,\% = 25{,}60\,€ \quad :98 \\ \cdot 100 \quad &100\,\% = 2.560{,}00\,€ \quad \cdot 100 \end{aligned}$$

Mischungsrechnen

Mischungsrechnen

Zwei Ausgangsstoffe werden dabei zu einem Stoffgemisch mit einer bestimmten Konzentration (in %) vermengt. In diesem Buch handelt es sich oft um die Mischung von Alkoholen mit Wasser, z. B. zur Herstellung eines Desinfektionsmittels.
Die Konzentration des herzustellenden Stoffgemischs ist immer in der Aufgabenstellung gegeben, während die Konzentrationen der zu mischenden Ausgangsstoffe nur teilweise oder gar nicht angegeben werden. Vorausgesetzt wird, dass Wasser immer als reine Verdünnung gilt und somit eine Konzentration von 0 % aufweist. Wenn bei dem zu verdünnenden Stoff keine weitere Angabe notiert ist, wird eine Konzentration von 100 % angenommen.

Beispielaufgabe:
Es soll eine 50 %ige Desinfektionslösung hergestellt werden. Zur Verfügung stehen 200 $m\ell$ 90 %iger Alkohol und destilliertes Wasser.
Wie viel $m\ell$ Wasser werden für die Desinfektionslösung benötigt?

Lösung:
1. Schritt: Mischungsverhältnis berechnen
Das Mischungsverhältnis gibt an, in welchem Verhältnis die zwei Ausgangsstoffe (Alkohol 90 % und Wasser 0 %) gemischt werden müssen, damit das Stoffgemisch mit der gewünschten Konzentration (Desinfektionslösung 50 %) entsteht. Das Mischungsverhältnis kann dann auf jede herzustellende Menge angewandt werden.

Hierfür ist ein Mischungskreuz aufzustellen. Oben und unten sind die Ausgangsstoffe zu finden, in der Mitte die herzustellende Mischung. Dabei kann zur Vereinfachung gesagt werden, dass der mittlere Prozentsatz (hier: 50 %) auch immer in der Mitte steht, der höchste (hier: 90 %) oben und der niedrigste (hier: 0 %) unten.

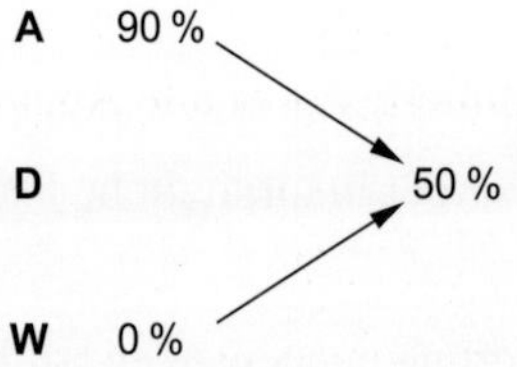

Nun muss jeweils zwischen dem Ausgangsstoff und der herzustellenden Desinfektionslösung überkreuz die Differenz gebildet werden. Man erhält somit die Anzahl der Teile, die man vom Alkohol und dem Wasser benötigt. Diese Teile werden so weit wie möglich auf ganze positive Zahlen gekürzt:

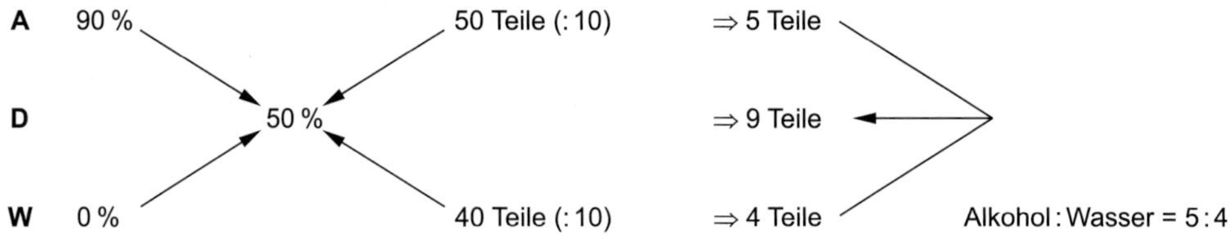

Um aus 90 %igem Alkohol und 0 %igem Wasser eine 50 %ige Desinfektionslösung herzustellen, benötigt man 5 Teile Alkohol und 4 Teile Wasser, was insgesamt eine Mischung mit 9 Teilen ergibt. Dieses Verhältnis lässt sich auf jede herzustellende Menge anwenden.

> **Zu beachten:**
> Um das Mischungsverhältnis zu berechnen, benötigt man nur die Prozentwerte, aus welchen dann die Teile berechnet werden, niemals Mengen.

2. Schritt: Berechnung des zu verwendenden Wassers
Um zu berechnen, wie viel Wasser für die 50 %ige Desinfektionslösung benötigt wird, nutzt man das Wissen, dass 5 Teile Alkohol benötigt werden und diese den 200 $m\ell$ Alkohol aus der Aufgabenstellung entsprechen.

Dreisatz mit geradem Verhältnis:

$$
\begin{aligned}
&:5 \quad & 5\,\text{Teile} &= 200\,m\ell & \quad :5\\
& & 1\,\text{Teil} &= 40\,m\ell & \\
&\cdot 4 \quad & 4\,\text{Teile} &= 160\,m\ell & \quad \cdot 4
\end{aligned}
$$

Es werden also 160 $m\ell$ Wasser benötigt, um mit 200 $m\ell$ 90 %igem Alkohol eine 50 %ige Desinfektionslösung herzustellen.

> **Zu beachten:**
> Um die Menge eines Stoffes zu berechnen, werden nur Teile und Mengen benötigt, niemals Prozentwerte.

Einfacher Durchschnitt

Durchschnittsrechnung (Einfacher Durchschnitt)

Um den durchschnittlichen Verbrauch in einem bestimmten Zeitraum zu berechnen, benötigt man die einfache Durchschnittsrechnung. Die Aufgaben beziehen sich in diesem Buch häufig auf den Durchschnitt von Gewichts-, Geld- oder Zeiteinheiten. Dabei ist zu beachten, dass bei Berechnungen Einheiten oft erst vereinheitlicht werden müssen. Eine Zusammenstellung zur Umrechnung gängiger Einheiten finden Sie auf dem Ausklappbogen vorne im Buch.

Beispielaufgabe 1: Gewichtseinheiten
Der Verbrauch einer Salbe in einer Arztpraxis in einer Woche war folgender: Montag 375 mg, Dienstag 200 mg, Mittwoch 0,455 g, Donnerstag 0,428 g und Freitag 402 mg. Wie hoch ist der durchschnittliche tägliche Verbrauch in Gramm?

Lösung:
Zuerst werden die fünf Mengenangaben summiert, wobei alle Angaben die gleiche Einheit haben sollten (hier: Gramm).

$$0{,}375\ \text{g} + 0{,}200\ \text{g} + 0{,}455\ \text{g} + 0{,}428\ \text{g} + 0{,}402\ \text{g} = 1{,}86\ \text{g}$$

Dieser Wert wird dann durch die Anzahl der Tage, hier Montag bis Freitag, also 5 Tage, geteilt:

$$\frac{1{,}86\ \text{g}}{5\ \text{Tage}} = \frac{0{,}372\ \text{g}}{\text{Tag}}$$

Beispielaufgabe 2: Zeiteinheiten
Eine MFA arbeitete in einer Woche folgende Stunden:
Montag: $6\frac{3}{4}$ Stunden, Dienstag: $6\frac{1}{3}$ Stunden, Mittwoch: 7 Stunden,
Donnerstag: 8,25 Stunden und Freitag: 8 Stunden 40 Minuten.
Geben Sie die durchschnittliche tägliche Arbeitszeit in Stunden und Minuten an.

Lösung:
Die Vorgehensweise entspricht der von Beispielaufgabe 1. Allerdings ist die Umrechnung von Zeiteinheiten i. d. R. komplexer. Es ist daher sinnvoll, im ersten Schritt alle gegebenen Werte in Minuten umzurechnen und diese dann zu addieren.

$$\begin{array}{llll}
\text{Mo: } 6\frac{3}{4}\ \text{h} & = 6\ \text{h} \cdot 60\ \frac{\text{min}}{\text{h}} + \frac{3}{4}\ \text{h} \cdot 60\ \frac{\text{min}}{\text{h}} & = & 405\ \text{min} \\
\text{Di: } 6\frac{1}{3}\ \text{h} & = 6\ \text{h} \cdot 60\ \frac{\text{min}}{\text{h}} + \frac{1}{3}\ \text{h} \cdot 60\ \frac{\text{min}}{\text{h}} & = & 380\ \text{min} \\
\text{Mi: } 7\ \text{h} & = 7\ \text{h} \cdot 60\ \frac{\text{min}}{\text{h}} & = & 420\ \text{min} \\
\text{Do: } 8{,}25\ \text{h} & = 8\ \text{h} \cdot 60\ \frac{\text{min}}{\text{h}} + 0{,}25\ \text{h} \cdot 60\ \frac{\text{min}}{\text{h}} & = & 495\ \text{min} \\
\text{Fr: } 8\ \text{h}\ 40\ \text{min} & = 8\ \text{h} \cdot 60\ \frac{\text{min}}{\text{h}} + 40\ \text{min} & = & 520\ \text{min} \\
 & \textbf{Summe:} & \mathbf{=} & \mathbf{2.220\ min}
\end{array}$$

Die Minuten werden nun durch die Anzahl der Tage geteilt:

$$\frac{2.220\ \text{min}}{5\ \text{Tage}} = \frac{444\ \text{min}}{\text{d}}$$

Nun werden die Minuten pro Tag in Stunden umgerechnet:

$$\frac{444\ \frac{\text{min}}{\text{d}}}{60\ \frac{\text{min}}{\text{h}}} = 7{,}4\ \frac{\text{h}}{\text{d}}$$

Die Stunden werden dann in Stunden und Minuten umgerechnet:

$$7\ \text{h} + 0{,}4\ \text{h} \cdot 60\ \frac{\text{min}}{\text{h}} = 7\ \text{h}\ 24\ \text{min}$$

Zinsrechnung

Zinsrechnung

Die folgenden Regelungen beziehen sich auf die Berechnung von Zinstagen. Je nach Bundesland sind hier auch Abweichungen möglich.

- 1 Zinsjahr = 12 Zinsmonate = 360 Zinstage
- Jeder Zinsmonat wird mit 30 Zinstagen gerechnet, auch wenn er kalendermäßig 28/29 oder 31 Tage hat.
- Beginnt ein Zinszeitraum an einem 31. eines Monats, wird dieser Tag ignoriert.
- Endet ein Zinszeitraum an einem 31. eines Monats, rechnet man trotzdem nur bis zum 30. des Monats.

Zinsformel:

$$Z = \frac{K \cdot P \cdot t}{100 \cdot 360} = \frac{K \cdot P \cdot t}{36.000}$$

Z = Zinsen in €
K = Kapital-Betrag in €, der angelegt oder als Kredit aufgenommen wird
p = Prozentsatz - Zinssatz in %
t = Zinstage in d

Zu beachten:
In die Zinsformel werden jeweils nur die Werte ohne Einheit eingetragen – kein Prozentzeichen in der Formel!

Umstellung der Zinsformel nach allen Variablen:

$$K = \frac{Z \cdot 36.000}{p \cdot t}$$

$$p = \frac{Z \cdot 36.000}{K \cdot t}$$

$$t = \frac{Z \cdot 36.000}{K \cdot p}$$

Zahlung einer Rechnung zu unterschiedlichen Zahlungszeitpunkten:

Beispielaufgabe:
Zur Verbesserung des Datenschutzes kauft die Praxis am 6. Juli neue Rechner und Bildschirme im Wert von 22.975,00 € zu folgenden Bedingungen: „Zahlbar innerhalb von 14 Tagen mit 2,5 % Skonto oder innerhalb von 60 Tagen netto Kasse. Wird das Zahlungsziel überschritten, werden 8 % Verzugszinsen und 15,00 € Mahngebühren berechnet."
Errechnen Sie den Überweisungsbetrag bei Zahlung am

- 18. Juli,
- 3. September,
- 31. Oktober.

Vorüberlegung:
Es ist zu beachten, dass die Zahlung am 18. Juli innerhalb der Skontofrist liegt und somit Skonto abgezogen werden kann. Die Zahlung am 3. September liegt außerhalb der Skontofrist, aber innerhalb des Zahlungsziels, und somit muss der gesamte Rechnungsbetrag, also netto Kasse, überwiesen werden. Bei Zahlung am 31. Oktober ist das Zahlungsziel bereits überschritten und somit fallen für die Tage außerhalb des Zahlungsziels Verzugszinsen an.

Dies lässt sich mit dem folgenden Zeitstrahl verdeutlichen:

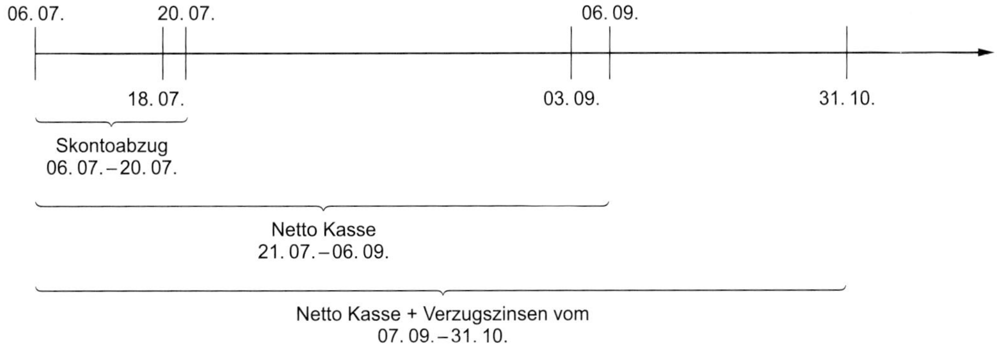

Lösung:

18. Juli:

2,5 % Skonto = 2,5 % von 22.975 € = 574,38 €
22.975 € – 574,38 € = 22.400,62 €

3. September

22.975,00 €

31. Oktober:

Kapital K = 22.975,00 €
Prozentsatz p = 8 %
Tage t = 54 Tage (06.09. bis 31.10., das heißt September: 24 Tage, Oktober: 30 Tage)

$$Z = \frac{K \cdot p \cdot t}{100 \cdot 360} = \frac{22.975,00 \cdot 8 \cdot 54}{36.000} = 275,70\ €$$

Überweisungsgebühr = Rechnungsbetrag + Zinsen + Mahngebühren
= 22.975,00 € + 275,70 € + 15,00 €
= 23.265,70 €

Finanzierungserfolg:

Beim Finanzierungserfolg versucht man herauszufinden, ob es sich lohnt, einen Kredit aufzunehmen, um mit Skontoabzug zahlen zu können. D. h. man möchte zwar frühzeitig bezahlen und damit sparen, gleichzeitig hat man zum letzten möglichen Tag des Skontoabzuges aber nicht die finanziellen Mittel.

Voraussetzungen:

- Der Skontoabzug muss höher sein als die zu zahlenden Zinsen. Nur dann generiert man einen Finanzierungserfolg.
- Sind die Zinsen höher als der abzuziehende Skontobetrag, generiert man einen Finanzierungsverlust und der Skontoabzug mit gleichzeitiger Kreditaufnahme lohnt sich nicht.
- Um möglichst wenig Zinsen zu zahlen, nimmt man den Kredit am letzten Tag der Skontofrist auf und bezahlt an diesem Tag auch die Rechnung.
- Tilgung und Zinsen zahlt man am letzten Tag des Zahlungsziels der Rechnung zurück.

Beispielaufgabe:
Die JupiterMedia GmbH liefert eine neue Telefonanlage für die Praxis. Die Rechnung weist einen Betrag von 2.400,00 € aus, zahlbar innerhalb von 20 Tagen mit 2 % Skonto und 60 Tagen netto Kasse. Die Praxis muss ihr Konto überziehen, um die Rechnung mit Skontoabzug begleichen zu können. Die Bank verlangt hierfür einen Überziehungszins von 8,4 %.
Berechnen Sie den Finanzierungserfolg.

Vorüberlegung:

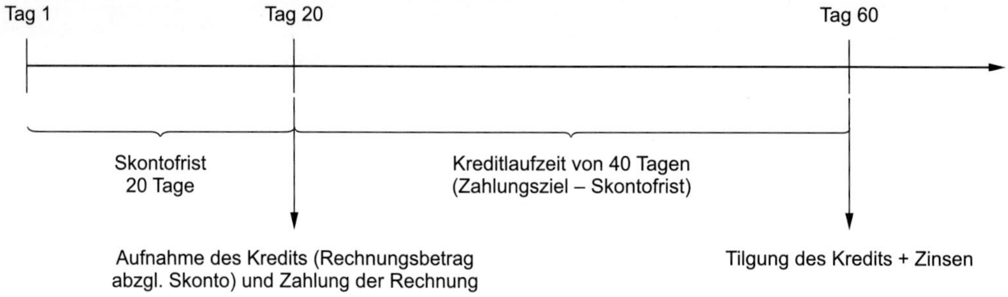

Lösung:

1. Rechnungsbetrag nach Skontoabzug:

$$\frac{2.400,00\,€ \cdot 2}{100} = 48,00\,€$$

$$2.400,00\,€ - 48,00\,€ = 42.352,00\,€$$

2. Zinstage berechnen: 60 Tage (Zahlungsfrist) – 20 Tage (Skontofrist) = 40 Tage

3. Zinsen berechnen:

$$Z = \frac{K \cdot p \cdot t}{100 \cdot 360} = \frac{2.352,00 \cdot 8,4 \cdot 40}{36.000} = 21,95\,€$$

4. Finanzierungserfolg: Skonto – Zinsen = 48,00 € – 21,95 € = 26,05 €
⇒ Finanzierungsgewinn: Die Aufnahme des Kredits lohnt sich für die Praxis.

Bezugskalkulation

Bezugskalkulation

Die Bezugskalkulation dient der Ermittlung des tatsächlich zu zahlenden Bezugspreises für einen oder mehrere gleiche Artikel. Im Beschaffungsprozess der Praxis dient sie auch dazu, Angebote quantitativ (in Bezug auf den Preis) zu vergleichen. Zur Bearbeitung der Aufgaben in diesem Buch ist folgendes Schema für die Bezugskalkulation anzuwenden. Dieses entspricht der Prüfung der Bayerischen Landesärztekammer (Stand: Herbst 2020).

	Kalkulationsschema
	Listeneinkaufspreis (LP)
–	Rabatt
=	Zieleinkaufspreis netto (ZEP netto)
+	Mehrwertsteuer 19 % (MwSt.)
=	Zieleinkaufspreis brutto (ZEP brutto)
–	Skonto
=	Bareinkaufspreis (BEP)
+	Bezugskosten (BK)
=	Bezugspreis/Einstandspreis (BP)

Erläuterung:
- Abkürzungen sind, wenn nicht anders angegeben, erlaubt.
- Die MwSt. beträgt grundsätzlich 19 %, wenn nicht anders angegeben.
- Zu den Bezugskosten zählen alle weiteren Kosten, die im direkten Zusammenhang mit dem Kauf des Produktes stehen, wie z. B. Montage, Versandkosten, Versicherungen, …
- Kalkuliert wird immer die gesamte zu kaufende Menge, nicht nur ein Stück.

Gehaltsabrechnung

Gehaltsabrechnung

Die Gehaltsabrechnung dient der Ermittlung des Nettogehaltes unter Berücksichtigung der betrieblichen Altersvorsorge und aller Steuern und Sozialversicherungsbeiträge des Arbeitnehmers bzw. der Arbeitnehmerin ausgehend vom Bruttogehalt. Folgendes Schema ist für die Gehaltsabrechnung anzuwenden. Dieses entspricht der Prüfung der Bayerischen Landesärztekammer (Stand: Januar 2023).

Schema:

	Bruttogehalt
+	Betriebliche Altersvorsorge (bAV)
=	Gesamtbruttogehalt
	Lohnsteuer (LSt.)
	Solidaritätszuschlag (Soli)
	Kirchensteuer (KiSt.)
–	Krankenversicherung (KV)
–	Rentenversicherung (RV)
–	Pflegeversicherung (PV)
–	Arbeitsförderung (AF oder AV)
=	Nettogehalt
–	Betriebliche Altersvorsorge (bAV)
=	Auszahlungsbetrag

Erläuterung:
- Abkürzungen sind, wenn nicht anders angegeben, erlaubt.
- Die Sozialversicherungsbeitragssätze ändern sich im Normalfall zum 1. Januar eines Jahres und sind dann in der Abschlussprüfung, wenn nicht anders angegeben, auch anzuwenden.

Urlaubstage

Berechnung von Urlaubstagen

Urlaubstage werden im Jugendarbeitsschutzgesetz und im Bundesurlaubsgesetz in Werktagen angegeben. Diese müssen dann in Arbeitstage umgerechnet werden.
Folgende Gesetzesauszüge werden hierfür herangezogen:

Jugendarbeitsschutzgesetz § 19 Urlaub
(1) Der Arbeitgeber hat Jugendlichen für jedes Kalenderjahr einen bezahlten Erholungsurlaub zu gewähren.
(2) Der Urlaub beträgt jährlich
1. mindestens 30 Werktage, wenn der Jugendliche zu Beginn des Kalenderjahrs noch nicht 16 Jahre alt ist,
2. mindestens 27 Werktage, wenn der Jugendliche zu Beginn des Kalenderjahrs noch nicht 17 Jahre alt ist,
3. mindestens 25 Werktage, wenn der Jugendliche zu Beginn des Kalenderjahrs noch nicht 18 Jahre alt ist.

Bundesurlaubsgesetz § 3 Dauer des Urlaubs
(1) Der Urlaub beträgt jährlich mindestens 24 Werktage.
(2) Als Werktage gelten alle Kalendertage, die nicht Sonn- oder gesetzliche Feiertage sind.

Bundesurlaubsgesetz § 5 Teilurlaub
… (2) Bruchteile von Urlaubstagen, die mindestens einen halben Tag ergeben, sind auf volle Urlaubstage aufzurunden.

Zu beachten:
Werktage (WT): 6-Tage-Arbeitswoche
Arbeitstage (AT): 5-Tage-Arbeitswoche

$AT = \frac{5}{6} WT$ $\qquad$ $WT = \frac{6}{5} AT$

Beispielaufgabe:
Eine Auszubildende hat 30 Werktage Urlaub pro Jahr. Berechnen Sie den Urlaub in Arbeitstagen.

Lösung:

$$AT = \frac{5}{6} WT$$

$$\frac{5\ AT}{6\ WT} \cdot 30\ WT = 25\ \text{Arbeitstage}$$

Aufgaben im Stil der Abschlussprüfung

Prüfung I

100 Punkte
90 Minuten

Teil 1: Behandlungsassistenz

Aufgabe 1

Frau Böhm kommt mit ihrer vierjährigen Tochter Simone in die Sprechstunde. Sie berichtet, dass Simone seit zwei Tagen starke Schluckbeschwerden hat. Die Messung der Körpertemperatur zu Hause ergab 38,8 °C. Heute Morgen ist der Mutter zudem ein Hautausschlag in der Leistengegend und am Körperstamm aufgefallen. Frau Böhm erzählt, dass zurzeit im Kindergarten einige Fälle von Scharlach aufgetreten seien.

1 Punkt a) Nennen Sie ein weiteres Hauptsymptom von Scharlach.

1 Punkt b) Welcher Erreger ist ursächlich für Scharlach?

1 Punkt c) Auf welchem Infektionsweg wird Scharlach hauptsächlich übertragen?

1 Punkt d) Wie können Sie andere Patientinnen und Patienten in der Praxis vor einer Scharlachinfektion durch Simone nun schützen?

Frau Dr. Hader untersucht die Patientin und beauftragt Sie, den entsprechenden Schnelltest durchzuführen. Die ärztliche Untersuchung sowie der Schnelltest bestätigen die Diagnose. Für die ursächliche Therapie von Scharlach verordnet Frau Dr. Hader ein Medikament.

1 Punkt e) Welches Probenmaterial benötigen Sie für den Schnelltest?

1 Punkt f) Um welche Arzneimittelgruppe handelt es sich bei dem Medikament?

3 Punkte g) Ordnen Sie den deutschen Bezeichnungen drei der insgesamt sechs Fachausdrücke zu, indem Sie die Kennziffern in das entsprechende Kästchen eintragen.

1 Analgetika
2 Antikoagulantien
3 Sedativa
4 Antiphlogistika
5 Expektorantia
6 Antipyretika

entzündungshemmende Mittel ▶ ☐
fiebersenkende Mittel ▶ ☐
schmerzstillende Mittel ▶ ☐

Um Komplikationen auszuschließen, ordnet Frau Dr. Hader eine Untersuchung des Urins an und weist Frau Böhm an, in den nächsten drei Wochen einmal wöchentlich mit Simone zur Auskultation und Untersuchung des Urins in die Sprechstunde zu kommen.

3 Punkte h) Übersetzen Sie folgende Fachausdrücke.

1. Inspektion: ____________________
2. Palpation: ____________________
3. Auskultation: ____________________

1 Punkt i) Welche der folgenden Erkrankungen gelten als Komplikationen von Scharlach? Wählen Sie die richtige Kombination aus.

Erkrankungen:	Kombinationen:
a Rheumatisches Fieber	1 a – c – e
b Meningitis	2 b – c – d
c Myokarditis	3 a – b – d – e
d Glomerulonephritis	4 a – c – d
e Arthritis urica	5 b – e

▶ ☐

Nachdem Frau Böhm mit ihrer Tochter die Praxis verlassen hat, desinfizieren Sie das Behandlungszimmer. Alle Informationen, die Sie über Hygiene-/Desinfektionsmaßnahmen wissen müssen, können Sie dem Hygieneplan entnehmen.

4 Punkte j) Welche „W"-Fragen regelt der Hygieneplan zu den jeweiligen Maßnahmen? Ergänzen Sie die vier fehlenden „W"-Fragen.

Was W W W W

Aufgabe 2

Die 60-jährige Frau Üngör kommt am 27.03. dieses Jahres in die Praxis (erster Arzt-Patienten-Kontakt im Quartal). Wegen ihrer Rückenschmerzen hätte sie gerne Massagen verordnet und eine „Spritze gegen die Schmerzen". Beim Anamnesegespräch stellt sich heraus, dass sie die Rückenschmerzen seit vorgestern hat, nachdem sie beim Treppensteigen gestolpert ist und fast gestürzt wäre. Bei der Betrachtung von Frau Üngör fällt auf, dass ihr Rücken im Bereich der Brustwirbelsäule gekrümmt ist. Nach der allgemeinen Untersuchung äußert Herr Dr. Weiser die Verdachtsdiagnose einer Wirbelkörperfraktur (LWS) bei Osteoporose.

2 Punkte a) Übersetzen Sie die folgenden Fachbegriffe.

Osteoporose: ______________________________

Fraktur: ______________________________

1 Punkt b) Wie lautet der Fachausdruck für die übermäßige Verkrümmung der Brustwirbelsäule („Witwenbuckel")?

1 Hyperlordose

2 Skoliose

3 Spondylitis ▶ ☐

4 Hyperkyphose

5 Spondylolisthesis

1 Punkt c) Welche Aussage hinsichtlich Osteoporose ist **falsch**?

1 Eine calciumreiche Ernährung erreicht man vor allem durch den Verzehr von Nudeln.

2 Osteoklasten sind für den Abbau von Knochensubstanz zuständig.

3 Vor allem Frauen nach den Wechseljahren gelten als Risikogruppe. ▶ ☐

4 Übermäßiger Konsum phosphathaltiger Getränke wie Cola erhöhen das Osteoporoserisiko.

5 Angemessenes körperliches Training kann Osteoporose positiv beeinflussen.

Herr Dr. Weiser überweist Frau Üngör zur Abklärung in die Radiologie. Dort sollen eine Osteodensitometrie sowie Röntgenaufnahmen der Wirbelsäule durchgeführt werden.

1 Punkt

d) Welche Aussage zur Osteodensitometrie trifft zu? Wählen Sie die richtige Kombination aus.

Aussagen:	Kombinationen:
a Die Osteodensitometrie wird mit dem DXA-Verfahren durchgeführt.	1 c – e
b Die Osteodensitometrie basiert auf Röntgenstrahlung.	2 a – b – d
c Die Osteodensitometrie ist ein MRT-Verfahren.	3 a – b
d Bei der Osteodensitometrie werden die Handwurzelknochen vermessen.	4 c – d
e Bei der Osteodensitometrie wird der Östrogenspiegel gemessen.	5 a – e

▶ ☐

3 Punkte

e) Nennen Sie die „3 A“ des Strahlenschutzes.

______

______

______

1 Punkt

f) Um welche Art der Überweisung handelt es sich?

______

______

3 Punkte

g) Neben Wirbelkörperfrakturen gelten unter anderem Frakturen des Oberschenkelhalses, aber auch Beckenbrüche bei Osteoporosepatienten und -patientinnen als relativ häufig. Beschriften Sie in der folgenden Abbildung die Ziffern 1, 2 und 3 mit medizinischen Fachbegriffen.

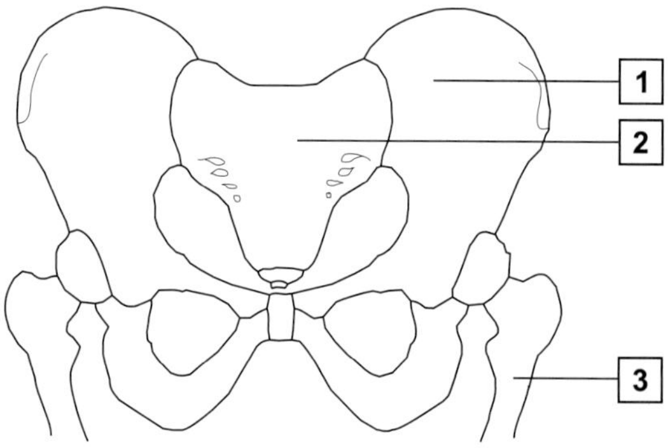

1: ______

2: ______

3: ______

Die radiologischen Untersuchungen bestätigen sowohl den Verdacht der Osteoporose als auch Frakturen sogar mehrerer Wirbelkörper. Die Wirbelkörperfrakturen sollen nun operativ therapiert werden. Am 29.03. wird die OP-Vorbereitung in Ihrer Praxis durchgeführt (die notwendigen Laborwerte werden von der Laborgemeinschaft ausgewertet), am 30.03. holt Frau Üngörs Tochter die nun fertiggestellten Unterlagen ab.
Frau Üngör erscheint am 10.04. in Begleitung ihrer Tochter in der Sprechstunde, um das weitere Vorgehen zu besprechen. Es ist der erste Besuch in der Praxis nach der Operation. Herr Dr. Weiser berät die Patientin hinsichtlich Ernährung, Lebensführung und Gestaltung des häuslichen Umfelds, um weitere Stürze zu vermeiden (Gesprächsdauer 23 Minuten).

5 Punkte h) Rechnen Sie die erbrachten Leistungen des gesamten Falles ab.

27.03.: ______________________________

29.03.: ______________________________

30.03.: ______________________________

10.04.: ______________________________

Aufgabe 3

Herr Grundmüller, 70 Jahre alt, leidet seit 15 Jahren an Diabetes mellitus. Er ist bislang mit oralen Antidiabetika eingestellt. Als Dauerpatient kommt er seit 5 Jahren mindestens einmal pro Quartal in die Praxis zur Kontrolle. Bei der Kontrolle am Freitag, 03.05. (erster Arzt-Patienten-Kontakt im Quartal), liegt der Nüchtern-Blutzucker bei 193 mg/$d\ell$ (Teststreifenuntersuchung in der Praxis), der HbA1c-Wert bei 11,3 % (durchgeführt von der Laborgemeinschaft).

4 Punkte a) Ordnen Sie die genannten Diabetestypen den entsprechenden Aussagen zu, indem Sie die Kennziffern in das jeweilige Kästchen eintragen.

1	Diabetes mellitus Typ I	relativer Insulinmangel	▶ ☐
2	Diabetes mellitus Typ II	absoluter Insulinmangel	▶ ☐
		Ursache u. a. Autoimmunerkrankung	▶ ☐
		erhöhtes Risiko bei Adipositas	▶ ☐

1 Punkt b) Wie lautet der Fachbegriff für zu hohe Zuckerwerte im Blut?

____

1 Punkt c) Worüber gibt der HbA1c-Wert Auskunft?

____

____

1 Punkt

d) Welche Aussage zum HbA1c-Wert ist richtig?

1 Um den HbA1c-Wert zu bestimmen, benötigt man Serum.

2 Ein HbA1c-Wert von ca. 7 % spricht für einen gut eingestellten Diabetes mellitus.

3 Beim HbA1c wird über eine Verbindung der Glukose mit Leukozyten nachgewiesen. ▶ ☐

4 Für die HbA1c-Bestimmung muss die untersuchte Person nüchtern sein.

5 Der HbA1c-Wert gibt Aufschluss über den Hämoglobingehalt des Blutes.

Frau Dr. Hader möchte den Patienten zusätzlich zu den oralen Antidiabetika auf Insulin einstellen.

1 Punkt

e) Welche Wirkung hinsichtlich des Blutzuckers hat Insulin?

____

1 Punkt

f) In welchem Organ wird Insulin produziert (Fachbegriff)?

____

Bei Diabetikern empfiehlt sich eine regelmäßige Überprüfung der Nierenfunktion. Frau Dr. Hader ordnet daher einen Mikroalbuminurie-Test an. Dazu soll Herr Grundmüller in der kommenden Woche an drei unterschiedlichen Tagen (06.05., 08.05., 10.05.) jeweils eine frische Urinprobe zur Untersuchung in die Praxis bringen, welche Sie testen. Am 10.05. bespricht Frau Dr. Hader zudem die Ergebnisse mit Herrn Grundmüller und empfiehlt ihm die Teilnahme an einer Diabetesschulung mit Insulineinstellung (zweiter Arzt-Patienten-Kontakt).

1 Punkt

g) Welche Aussagenkombination zum Mikroalbuminurie-Test ist richtig?

Aussagen:	Kombinationen:
a Für den Mikroalbuminurie-Test verwendet man idealerweise Morgenurin.	1 a – e
b Die Mikroalbuminurie ist eine Form der Proteinurie.	2 b – c – d
c Bei der Probengewinnung spielt die Tageszeit keine Rolle.	3 b – d – e ▶ ☐
d Der Test wird auch bei bestehender Hypertonie angewendet.	4 c – d
e Beim Mikroalbuminurie-Test misst man den Gehalt kleinster Zuckermoleküle im Urin.	5 a – b – d

4 Punkte

h) Nennen Sie vier gravierende Spätfolgen, die aufgrund eines schlecht eingestellten Diabetes mellitus häufig auftreten.

____

11 Punkte i) Rechnen Sie die erbrachten Leistungen des gesamten Falles ab.

03.05.: __________

06.05.: __________

08.05.: __________

10.05.: __________

Aufgabe 4

Der 65-jährige Herr Forster wird seit mehreren Jahren in der Praxis als COPD-Patient behandelt. Er war jahrzehntelang starker Raucher, hat seinen Zigarettenkonsum in den letzten zwei Jahren stark reduziert, aufhören konnte er bislang aber nicht ganz. Aufgrund anhaltender, extremer Atemnot seit letzter Nacht kommt er heute in Begleitung seiner Frau in die Praxis.

1 Punkt a) Wofür steht die Abkürzung COPD (auch die deutsche Bezeichnung ist zulässig)?

____

1 Punkt b) Nennen Sie den Fachbegriff für Atemnot.

____

3 Punkte c) Ordnen Sie Larynx, Trachea und Diaphragma jeweils die richtige Ziffer zu.

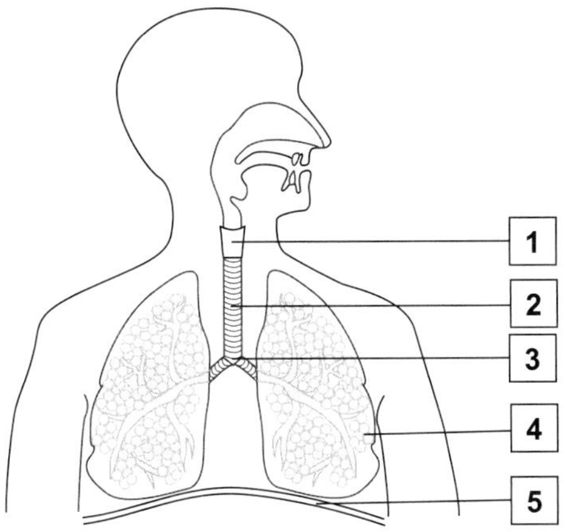

Larynx ▶ ☐

Trachea ▶ ☐

Diaphragma ▶ ☐

1 Punkt d) Welche Aussage zur COPD ist **falsch**?

1. Die COPD ist eine typische Raucherkrankheit.
2. Das Risiko für Atemwegsinfekte ist bei Personen mit COPD erhöht.
3. Die COPD führt zu einer Überblähung der Alveolen (Lungenemphysem). ▶ ☐
4. Typisch für die COPD ist die Umwandlung von Lungengewebe zu Bindegewebe.
5. Typische Symptome neben der Atemnot sind Husten und Auswurf.

Bei Herrn Forster ist eine deutliche Blaufärbung der Lippen zu erkennen. Die Atemnot bessert sich auch nach einigen Minuten in Ruhe nicht. Herr Dr. Weiser hört und klopft die Lunge des Patienten ab.

1 Punkt

e) Wie lautet der Fachbegriff für die Blaufärbung der Lippen?

____

Aufgrund der schweren Symptomatik, der festgestellten Rasselgeräusche beim Abhören sowie der auffälligen Beinödeme entscheidet sich Herr Dr. Weiser für eine stationäre Einweisung in die Klinik. Bis zum Eintreffen des Krankenwagens wird Herrn Forster Sauerstoff über eine Nasensonde verabreicht und die Sauerstoffsättigung des Blutes gemessen. Der Patient inhaliert außerdem einige Hübe seines Notfallmedikaments zur Erweiterung der Bronchien aus einem Dosieraerosol.

1 Punkt

f) Was kreuzen Sie auf dem Formular zur Verordnung von Krankenhausbehandlung an?

[1] Belegarztbehandlung

[2] Notfall

[3] Unfall, Unfallfolgen ▶ ☐

[4] Versorgungsleiden (BVG)

[5] Berufserkrankung

1 Punkt

g) Mit welcher nicht invasiven Methode misst man in der Allgemeinarztpraxis normalerweise die Sauerstoffsättigung des Blutes?

____

Aufgabe 5

Der 55-jährige Herr Zetterer kommt zur Gesundheitsuntersuchung und zum Hautkrebsscreening zu Frau Dr. Hader (1. Arzt-Patienten-Kontakt in diesem Quartal). Alle dafür nötigen Laboruntersuchungen werden in der Praxis durchgeführt.

3 Punkte

a) Welche Laboruntersuchungen werden im Rahmen der Gesundheitsuntersuchung durchgeführt? Nennen Sie die drei richtigen Untersuchungen.

[1] Kleines Blutbild

[2] Vollständiges Lipidprofil (Gesamtcholesterin, HDL, LDL, Triglyceride) ▶ ☐

[3] Blutzucker nüchtern ▶ ☐

[4] HbA1c ▶ ☐

[5] Urinteststreifen (Protein, Glukose, Erythrozyten, Leukozyten, Nitrit)

3 Punkte b) Ordnen Sie zu, um welche Art der Prävention es sich handelt, indem Sie die Kennziffer in das jeweilige Kästchen eintragen.

1	Aktive Impfung		
2	Passive Impfung wegen Krankheit	Primärprävention	▶ ☐
3	Gesundheitsuntersuchung	Sekundärprävention	▶ ☐
4	Kur nach Schlaganfall	Tertiärprävention	▶ ☐
5	Medikamenteneinnahme aufgrund von Gicht		

Die Früherkennungsuntersuchung hinsichtlich Prostatakrebs sowie die Darmkrebsfrüherkennung möchte Herr Zetterer an einem anderen Termin durchführen lassen.

2 Punkte c) Ab welchem Alter stehen Herrn Zetterer diese Untersuchungen erstmalig zu?

Prostatakrebs: ______________________

Darmkrebs: ______________________

1 Punkt d) Zwischen welchen beiden diagnostischen Varianten kann Herr Zetterer bei der Darmkrebsfrüherkennung wählen?

____

____

Herr Zetterer ist sportlich immer noch sehr aktiv und hat eine Reise nach Asien gebucht, um dort einige Bergtouren zu absolvieren. Frau Dr. Hader führt die vom Patienten gewünschten Reiseimpfungen gegen Hepatitis A und Typhus durch. Die Impfung wird als Kombinationsimpfung durchgeführt, Herr Zetterer hat den Impfstoff bereits aus der Apotheke mitgebracht. Anschließend findet die Besprechung aller Ergebnisse statt.

6 Punkte e) Rechnen Sie die erbrachten Leistungen des gesamten Falles ab.

____

____

Aufgabe 6

Frau Fernandes kommt in die Sprechstunde und klagt über Schmerzen beim Wasserlassen. Frau Dr. Hader vermutet eine Blasenentzündung.

2 Punkte a) Wie lauten die Fachbegriffe für folgende Bezeichnungen?

Blasenentzündung: ______________________

Schmerzen beim Wasserlassen: ______________________

3 Punkte b) Beschriften Sie in der folgenden Abbildung die Ziffern 1, 2 und 3 mit den medizinischen Fachbegriffen.

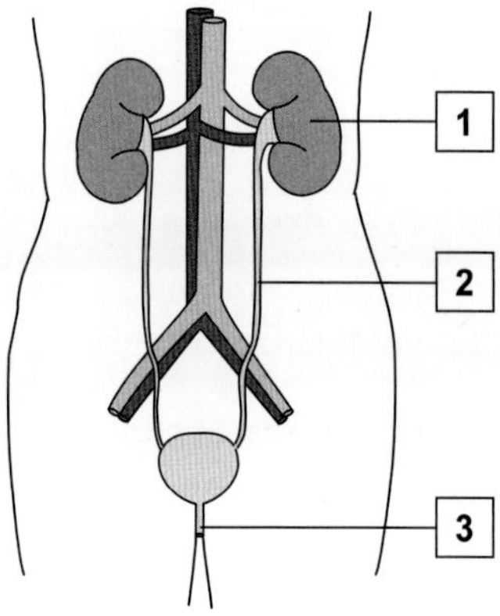

1: ____________

2: ____________

3: ____________

1 Punkt c) Wie lautet der Fachbegriff für häufiges Wasserlassen in kleinen Mengen?

1 Polyurie

2 Pollakisurie

3 Nykturie ▶ ☐

4 Oligurie

5 Anurie

Sie sollen eine Teststreifenuntersuchung durchführen, die Patientin hat bereits eine Urinprobe abgegeben.

3 Punkte d) Nennen Sie die drei harnpflichtigen Substanzen.

____

____

____

4 Punkte e) Welche positiven Parameter deuten bei der Teststreifenuntersuchung auf eine Blasenentzündung hin?

____

____

____

Sie stellen ein Urinsediment her, da die entsprechenden Teststreifenfelder positiv reagiert haben.

2 Punkte f) Was ist bei der Mikroskopeinstellung zu beachten?

2 Punkte g) Welche Sedimentbestandteile sind nachfolgend dargestellt?

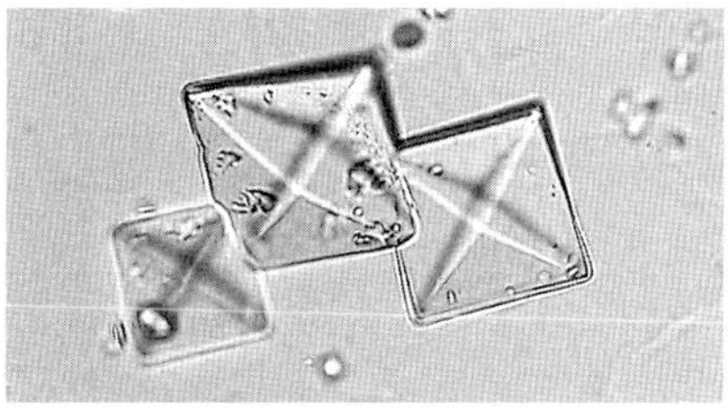

Quelle: © Sittichai Kammayeengoen/ Shutterstock.com

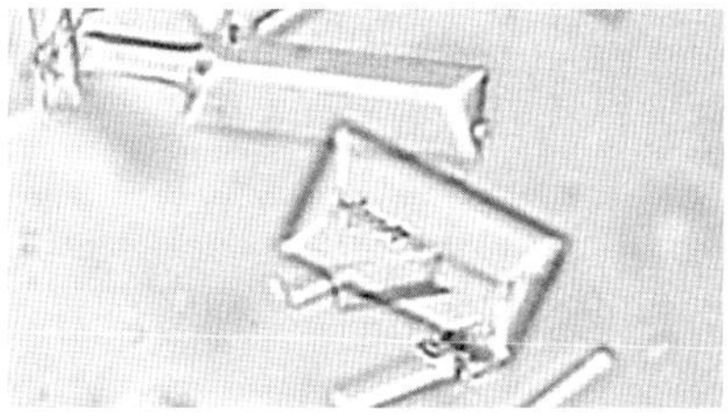

Quelle: Joel Mills/Wikipedia, CC BY-SA 3.0

75 Punkte
90 Minuten

Teil 2: Betriebsorganisation und -verwaltung

Aufgabe 1

Nach seinen ersten Wochen als Auszubildender zum MFA hat Frank (16 Jahre) mehrere Fragen zu den rechtlichen Bestimmungen der Ausbildung.

1 Punkt a) Welches Gesetz regelt hauptsächlich die Berufsausbildung?

2 Punkte b) Welche zwei weiteren Gesetze sind noch wichtig für Franks Ausbildung?

1 Punkt c) Nennen Sie die Stelle, die für Franks Ausbildung rechtlich zuständig ist.

1 Punkt d) Welche Aufgabe erfüllt diese Stelle im Rahmen von Franks Berufsausbildung?

1 Sie legt fest, was in der Berufsschule unterrichtet wird.

2 Sie lässt die Vertragsärzte zu.

3 Beim Abschluss von Ausbildungsverträgen ist sie der Vertragspartner. ▶ ☐

4 Die Zwischenprüfung wird von ihr durchgeführt.

5 Sie führt die Abrechnung mit den gesetzlichen Krankenkassen durch.

1 Punkt e) Nennen Sie einen Beispielgrund, aus dem Frank nach der Probezeit durch die Praxis gekündigt werden kann.

Aufgabe 2

Dr. Hader bittet Sie, die wichtigsten Vorschriften der Schweigepflicht nochmals schriftlich festzuhalten, damit die weniger erfahrenen Auszubildenden ihr Wissen auffrischen können.

1 Punkt a) Wer kann eine Medizinische Fachangestellte oder einen Medizinischen Fachangestellten von der Schweigepflicht entbinden?

2 Punkte b) Welche Folgen kann es haben, wenn eine Medizinische Fachangestellte einer Freundin erzählt, dass ihr Ex-Freund heute zur Grippe-Impfung in der Praxis war?

1 Punkt c) Ein Personalchef ruft in der Praxis an und möchte sich nach dem Gesundheitszustand eines Bewerbers informieren. Wie verhalten Sie sich als MFA richtig?

____

1 Punkt d) Welche Aussage zur Schweigepflicht ist **falsch**?

[1] Es besteht keine Schweigepflicht gegenüber Angehörigen des Patienten bzw. der Patientin.

[2] Sie ist ein sehr wichtiger Bestandteil des Vertrauensverhältnisses zwischen Patient*in und Arzt bzw. Ärztin.

[3] Sie gilt auch, wenn der Patient bzw. die Patientin schon gestorben ist. ▶ ☐

[4] Auch der Polizei darf keine Auskunft über Patientendaten gegeben werden.

[5] Wartende Patienten bzw. Patientinnen sollen möglichst keine Telefongespräche der bzw. des MFA mitbekommen.

3 Punkte e) Welche drei ärztlichen Pflichten kennen Sie außer der Schweigepflicht noch?

____

____

____

Aufgabe 3

Herr Dr. Weiser benötigt für Verwaltungsarbeiten und Hausbesuche ein neues Notebook. Er teilt Ihnen mit, welches Modell er für geeignet hält, und bittet Sie, möglichst den günstigsten Händler zu finden. Sie beginnen daraufhin, den Beschaffungsprozess zu planen.

3 Punkte a) Bringen Sie die folgenden Beschaffungsschritte in die richtige Reihenfolge.

Beschaffungsschritte:	Reihenfolge:
innere Wareneingangsprüfung	☐
Bezugsquellen ermitteln	☐
Rechnung bezahlen	☐
bestellen	☐
Einlagern der Ware	☐
äußere Wareneingangsprüfung	☐

2 Punkte b) Erklären Sie, welche Art von Anfragen Sie an mögliche Lieferanten versendet werden.

____

Auf Ihre Anfragen hin erhielten Sie einige Angebote per Post, die Sie bereits miteinander verglichen konnten. Sie entscheiden sich für ein Angebot der JupiterMedia GmbH vom 02.04. mit folgenden Konditionen: Der Listenpreis beträgt 1.050,00 € mit zusätzlich 15,00 € Lieferkosten. Lieferkosten entfallen bei einem Bestellwert ab 2.500,00 €. Da Sie bereits öfter bestellt haben, erhalten Sie einen Treuerabatt von 5 %. Die Zahlungsbedingung lautet 3 % Skonto bei Zahlung innerhalb von 10 Tagen und 30 Tage netto Kasse.

1 Punkt

c) Wie lange ist das Angebot der JupiterMedia GmbH gültig?

____

6 Punkte

d) Frau Dr. Haders Notebook ist gestern kaputtgegangen, sodass sie nun auch ein neues benötigt. Berechnen Sie den Bezugspreis für zwei Geräte, wenn Sie sofort nach Erhalt der Ware bezahlen.

	Betrag in Euro

3 Punkte

e) Außer dem Preis einer Ware müssen häufig auch andere Kriterien zur Findung des passenden Angebots verglichen werden. Nennen Sie drei Beispiele.

____

____

____

1 Punkt

f) Im Kaufvertrag wurde nichts zum Lieferzeitpunkt vereinbart. Wann befindet sich die JupiterMedia GmbH nach Bestellungseingang in Lieferungsverzug?

[1] nach 3 Tagen

[2] automatisch nach 30 Tagen

[3] innerhalb von 2 Wochen nach Zahlungseingang ▶ ☐

[4] mit Zugang einer Mahnung

[5] nach einer Woche

Die Lieferung der beiden Notebooks erfolgt pünktlich. Bei der ersten Nutzung stellt Herr Dr. Weiser aber fest, dass das Gerät nach ca. 10 Minuten automatisch abschaltet.

2 Punkte

g) Um welchen Mangel (Sichtbarkeit und Art) handelt es sich?

2 Punkte

h) Begründen Sie, ob Dr. Weiser sofort das Notebook zurückgeben und das Geld zurückverlangen kann.

5 Punkte

i) Aus einer anderen Bestellung heraus liefert die JupiterMedia GmbH eine neue Telefonanlage für die Praxis. Die Rechnung weist einen Betrag von 2.400,00 € aus, zahlbar innerhalb von 20 Tagen mit 2 % Skonto und 60 Tagen netto Kasse. Die Praxis muss ihr Konto überziehen, um die Rechnung mit Skontoabzug begleichen zu können. Die Bank verlangt hierfür einen Überziehungszins von 8,4 %.
Berechnen Sie den Finanzierungserfolg.

Aufgabe 4

Herr Dr. Weiser benötigt für die Reinigung der Praxis ein Desinfektionsmittel mit einer Konzentration von 5 %. Zur Verfügung stehen 200 mℓ 80 %iges Konzentrat.

2 Punkte a) Berechnen Sie das Mischungsverhältnis.

2 Punkte b) Wie viel Liter 5 %iges Desinfektionsmittel können Sie herstellen?

Aufgabe 5

Heute sind Sie in der Praxis mit der Bearbeitung der Post und dem Ordnungssystem beschäftigt. Verschiedene Briefe müssen von Ihnen geöffnet, andere verfasst und versendet werden.

5 Punkte a) Begründen Sie, ob Sie die Briefe öffnen dürfen.

Tanja Stein
Fachärzte für Allgemeinmedizin
Praxis Dr. Hader/Dr. Weiser
Gartenstraße 86
81379 München

Fachärzte für Allgemeinmedizin
Praxis Dr. Hader/Dr. Weiser
Gartenstraße 86
81379 München

Praxis Dr. Hader/Dr. Weiser
Dr. Hader
- persönlich -
Gartenstraße 86
81379 München

Dr. Hader
Gartenstraße 86
81379 München

Dr. Weiser
Facharzt für Allgemeinmedizin
Gartenstraße 86
81379 München

3 Punkte b) Wie lange müssen Sie folgende Dokumente aufbewahren (genaues Datum)?

1. Durchschlag einer Patienten-Arbeitsunfähigkeitsbescheinigung vom 06.04.2020.

___

2. Rechnung über einen Laptop vom 06.02.2020.

___

3. BTM-Patienten-Rezeptdurchschrift vom 15.03.2020.

___

3 Punkte c) Ordnen Sie folgenden Dokumenten, die mit der Post eintrafen, die jeweils richtige Wertstufe zu, indem Sie den richtigen Buchstaben eintragen.

T = Tageswert **P** = Prüfwert **D** = Dauerwert **G** = Gesetzeswert

Werbeprospekt ☐

Angebot der JupiterMedia GmbH ☐

Quittung für Kauf von Desinfektionsmittel ☐

Leasingvertrag Geschäftswagen Dr. Weiser ☐

Bewerbung einer MFA ☐

Ärzteblatt ☐

2 Punkte d) Sie machen sich gemeinsam mit der Praxismanagerin Frau Stein Gedanken über ein neues Ordnungssystem. Ordnen Sie zu.

Ordnungssysteme	Begriffsbestimmungen	
1 alphabetische Ordnung		
2 numerische Ordnung	Ablage der Schriftstücke nach Krankenkassen	▶ ☐
3 sachlogische Ordnung		
4 chronologische Ordnung	Ablage der Schriftstücke nach Namen	▶ ☐
5 alphanumerische Ordnung		

2 Punkte e) Sie sollen nun eine Mahnung möglichst so verschicken, dass Sie sichergehen können, dass der Adressat sie auch persönlich erhält und Sie einen Nachweis erhalten. Welchen Brief wählen Sie und was kostet das Porto?

Preise für Briefdienste:				**Zusatzleistungen:**	
Standardbrief	bis	20 g	0,85 €	Einschreiben	2,65 €
Kompaktbrief	bis	50 g	1,00 €	Rückschein	2,20 €
Großbrief	bis	500 g	1,60 €	Eigenhändig	2,20 €
Maxibrief	bis	1.000 g	2,75 €	Einschreiben Einwurf	2,35 €

Daten nach: Deutsche Post AG, Stand: Januar 2023

Aufgabe 6

Ihre Freundin Susanne erzählt Ihnen, dass sie bereits ein Vorstellungsgespräch für eine Stelle als MFA erfolgreich absolviert und gestern ihren Arbeitsvertrag unterzeichnet hat. Sie erhält für ihre Arbeit nach Tarifvertrag ein Bruttogehalt von 1.931,56 € und 76,00 € betriebliche Altersvorsorge (bAV).

8 Punkte

a) Sie berechnen, wie viel Euro netto von Susannes Gehalt übrig bleiben, indem Sie eine vollständige Gehaltsabrechnung mit allen Zwischenergebnissen erstellen. Susanne ist ledig, kinderlos, evangelisch und 19 Jahre alt. Sie lebt und arbeitet in Bayern (Kirchensteuer: 8 %). Der Arbeitnehmeranteil zu den Sozialversicherungen beträgt 382,93 €.

Kinderfreibetrag			0		0,5		1	
ab €	StK	Steuer	SolZ	KiStr	SolZ	KiStr	SolZ	KiStr
1.923,00								
	I	157,91	–	12,63	–	6,19	–	1,03
	II	117,91	–	–	–	3,42	–	–
	III	–	–	–	–	–	–	–
	IV	157,91	–	12,63	–	9,36	–	6,19
	V	384,66	–	30,85	–	–	–	–
	VI	417,83	–	33,42	–	–	–	–
1.926,00								
	I	158,58	–	12,68	–	6,24	–	1,06
	II	118,50	–	–	–	3,42	–	–
	III	–	–	–	–	–	–	–
	IV	158,58	–	12,68	–	9,36	–	6,24
	V	385,66	–	30,85	–	–	–	–
	VI	418,66	–	33,49	–	–	–	–
1.929,00								
	I	159,16	–	12,73	–	6,29	–	1,10
	II	119,16	–	–	–	3,50	–	–
	III	–	–	–	–	–	–	–
	IV	159,16	–	12,73	–	9,46	–	6,29
	V	386,75	–	30,94	–	–	–	–
	VI	419,66	–	33,57	–	–	–	–
1.932,00								
	I	159,83	–	12,78	–	6,34	–	1,13
	II	119,75	–	–	–	3,54	–	–
	III	–	–	–	–	–	–	–
	IV	159,83	–	12,78	–	9,50	–	6,34
	V	387,83	–	31,02	–	–	–	–
	VI	420,33	–	33,62	–	–	–	–
1.935,00								
	I	160,50	–	12,84	–	6,38	–	1,16
	II	120,41	–	–	–	3,58	–	–
	III	–	–		–	–	–	–
	IV	160,50	–	12,84	–	9,56	–	6,38
	V	388,83	–	31,10	–	–	–	–
	VI	421,33	–	33,70	–	–	–	–

3 Punkte b) Wie viel Prozent des Bruttogehalts betragen die Abgaben für Steuern und Sozialversicherung?

1 Punkt c) Neben den Sozialversicherungen, die auf Susannes Lohnabrechnung abgezogen werden, gibt es eine weitere, die dort nicht erscheint. Welche?

1 Punkt d) Wer bezahlt diese Sozialversicherung?

1 Punkt e) Wie heißt der Träger dieser Sozialversicherung für die MFA?

1 Punkt f) Susanne wird Mutter, ohne dass sie geheiratet hat. Welche Steuerklasse hat sie nun?

2 Punkte g) Nach einiger Zeit heiratet Susanne ihren Partner. Welche Wahlmöglichkeiten der Steuerklassen hat sie nun?

30 Punkte
30 Minuten

Teil 3: Wirtschafts- und Sozialkunde

1 Punkt

Aufgabe 1

Die 16-jährige Lisa Müller beginnt ihre Ausbildung zur MFA in einer Arztpraxis. Welche Angaben müssen bei der täglichen und wöchentlichen Arbeitszeit eingetragen werden, damit der Ausbildungsvertrag gültig ist?

1. 8,5 Stunden am Tag bei 42,5 Stunden in der Woche
2. 9 Stunden am Tag bei 5 Tagen in der Woche
3. Der Betrieb legt die Arbeitszeit flexibel fest. ▶ ☐
4. 8 Stunden am Tag bei 40 Stunden in der Woche
5. 9 Stunden am Tag bei 45 Stunden in der Woche

1 Punkt

Aufgabe 2

Entscheiden Sie, worauf bei der Unterschrift von Lisas Ausbildungsvertrag zu achten ist.

1. Das Datum muss ausgefüllt sein, sonst ist der Vertrag ungültig.
2. Lisa muss den Vertrag allein unterschreiben.
3. Lisa und ihre Erziehungsberechtigten müssen den Vertrag unterschreiben. ▶ ☐
4. Nur die Erziehungsberechtigten von Lisa müssen den Vertrag unterschreiben.
5. Wenn Lisas Erziehungsberechtigte mündlich zugestimmt haben, kann Lisa den Vertrag auch allein unterschreiben.

1 Punkt

Aufgabe 3

Eine Arztpraxis kündigt der MFA Hannah Hase im 2. Ausbildungsjahr mit sofortiger Wirkung, weil sie Medikamente unterschlagen hat. Entscheiden Sie, ob die Auszubildende die Kündigung akzeptieren muss.

1. Nein, denn sie hat als Auszubildende besonderen Kündigungsschutz.
2. Ja, auch einer Auszubildenden kann gekündigt werden, wenn ein wichtiger Grund vorliegt.
3. Ja, jeder Mitarbeiterin bzw. jedem Mitarbeiter kann fristlos gekündigt werden. ▶ ☐
4. Nein, weil Hannah Hase nicht mehr in der Probezeit ist.
5. Nein, weil sie schon die Hälfte der Ausbildung absolviert hat.

1 Punkt

Aufgabe 4

An welche Stelle muss sich eine arbeitslose MFA bzw. ein arbeitsloser MFA wenden, um Leistungen aus der Arbeitslosenversicherung zu beziehen?

1 Ärztekammer

2 Finanzamt

3 Arbeitsgericht ▶ ☐

4 Agentur für Arbeit

5 Haftpflichtversicherung

1 Punkt

Aufgabe 5

Der 22-jährige Daniel Glücklos hat nach drei Jahren seine Ausbildung erfolgreich abgeschlossen. Er wird jedoch von seinem Ausbildungsbetrieb nicht weiterbeschäftigt.
Er erkundigt sich bei Ihnen, ob ihm Leistungen der Sozialversicherung zustehen.

Hat Herr Glücklos nach einer fristgerechten persönlichen Arbeitslosmeldung einen Anspruch auf Arbeitslosengeld I?

1 Er hat keinen Anspruch auf Arbeitslosengeld I, weil er weniger als drei Jahre Beiträge zur Arbeitslosenversicherung geleistet hat.

2 Er hat erst drei Monate nach Ausbildungsende Anspruch auf Arbeitslosengeld I, da zunächst eine Sperrfrist von drei Monaten gilt.

3 Er hat einen Anspruch auf Arbeitslosengeld I, weil während der Ausbildungszeit mehr als 12 Monate Beiträge zur Arbeitslosenversicherung geleistet wurden. ▶ ☐

4 Er hat keinen Anspruch auf Arbeitslosengeld I, weil er als Auszubildender während der Ausbildungszeit keine Beiträge zur Arbeitslosenversicherung geleistet hat.

5 Er hat einen Anspruch auf Arbeitslosengeld I, da er das 21. Lebensjahr vollendet hat.

1 Punkt

Aufgabe 6

Löhne und Gehälter können z. B. in Tarifverhandlungen ausgehandelt und in Tarifverträgen festgehalten werden. Zwischen welchen beiden Parteien wird ein Tarifvertrag geschlossen?

1 zwischen der Arztpraxis und den Angestellten

2 zwischen dem Staat und den Arbeitgebervertretern

3 zwischen den Arbeitgebervertretern und den Arbeitnehmervertretern ▶ ☐

4 zwischen der Arztpraxis und den Gewerkschaften

5 zwischen dem Staat und den Gewerkschaften

1 Punkt

Aufgabe 7

In einem Manteltarifvertrag sind alle wesentlichen Regelungen für eine Berufsgruppe festgelegt. Welche Dinge sind dabei **nicht** berücksichtigt?

[1] Arbeitszeit

[2] Kündigungsbedingungen

[3] Regelungen für Sondervergütungen im Betrieb ▶ ☐

[4] Urlaubszeitregelungen

[5] Mehrarbeit

1 Punkt

Aufgabe 8

Die neuen Auszubildenden eines Klinikums werden am Ende ihrer ersten Woche von der Jugend- und Auszubildendenvertretung (JAV) im Rahmen einer Grillfeier für die neuen Azubis begrüßt. Dabei stellt sich die JAV des Klinikums vor und erläutert dabei ihre Rechte und Pflichten.

Stellen Sie fest, welches Recht der JAV nach dem Betriebsverfassungsgesetz zusteht.

[1] Bei allen Beurteilungsgesprächen sämtlicher Mitarbeiter des Klinikums sind JAV-Mitglieder zu einer Teilnahme berechtigt.

[2] Die Schulnoten und Beurteilungen der Auszubildenden des Klinikums müssen regelmäßig der JAV vorgelegt werden.

[3] Die Kündigung eines Auszubildenden durch das Klinikum während der Probezeit kann durch die JAV verhindert werden. ▶ ☐

[4] Die JAV-Mitglieder haben das Recht, regelmäßig Einsicht in die Personalakten der Auszubildenden zu nehmen.

[5] Die JAV-Mitglieder dürfen beantragen, dass die Einführung eines verbesserten Beurteilungssystems für die Auszubildenden des Klinikums in der nächsten Betriebsratssitzung als Tagesordnungspunkt eingebracht und anschließend erörtert wird.

2 Punkte

Aufgabe 9

Welche der folgenden im Klinikum beschäftigten Personen dürfen in die Jugend- und Auszubildendenvertretung (JAV) gewählt werden (passives Wahlrecht)?

[1] Tom Trab, Auszubildender zum MFA, 19 Jahre

[2] Frau Dr. Heidelbeere, Ärztin, 38 Jahre

[3] Solange Soleil, MFA, 27 Jahre ▶ ☐

[4] Dennis Dachdecker, Auszubildender, 26 Jahre ▶ ☐

[5] Larissa Williams, MFA, 23 Jahre

1 Punkt

Aufgabe 10

Vom Bruttolohn werden Steuern und Abgaben abgezogen. Welche der Steuern oder Abgaben muss **nicht** jede bzw. jeder MFA bezahlen?

1 Kirchensteuer

2 Lohnsteuer

3 Arbeitslosenversicherung ▶ ☐

4 Rentenversicherung

5 Krankenversicherung

1 Punkt

Aufgabe 11

Eine MFA hat sich bei der Arbeit in der Praxis verletzt und kann die nächsten 2 Wochen nicht arbeiten. Wer ist für die Lohnfortzahlung zuständig?

1 Niemand, da es ein Arbeitsunfall ist.

2 Die Krankenversicherung zahlt den Lohn bis zu 6 Wochen weiter.

3 Die Arztpraxis zahlt den Lohn die gesamte Zeit weiter. ▶ ☐

4 Die Unfallversicherung der Angestellten zahlt den Lohn weiter.

5 Die MFA muss ohne Lohnfortzahlung zurechtkommen.

2 Punkte

Aufgabe 12

Welche zwei Leistungen muss die gesetzliche Krankenversicherung **nicht** erbringen?

1 Lohnfortzahlung bei Krankheiten über 6 Wochen

2 Leistungen bei Krankheiten

3 Kosten für eine Kur ▶ ☐

4 Individuelle Gesundheitsleistungen (IGeL) ▶ ☐

5 Lohnfortzahlung bei Krankheiten bis 2 Wochen

1 Punkt

Aufgabe 13

In der gesetzlichen Pflegeversicherung gibt es wie viele Pflegegrade?

1 2 Pflegegrade

2 3 Pflegegrade

3 5 Pflegegrade ▶ ☐

4 7 Pflegegrade

5 10 Pflegegrade

1 Punkt

Aufgabe 14

Welcher der folgenden Begriffe bezeichnet eine andauernde Verteuerung von Gütern und Dienstleistungen bei gleichzeitiger Minderung der Kaufkraft?

1 Inflation

2 Deflation

3 Rezession ▶ ☐

4 Expansion

5 Substitution

1 Punkt

Aufgabe 15

Wodurch bildet sich in der freien Marktwirtschaft der Marktpreis?

1 Der Händler legt den Preis fest.

2 Der Staat legt bei den meisten Gütern den Preis durch die Steuern fest.

3 Der Hersteller bietet einen unverbindlichen Preisvorschlag. ▶ ☐

4 Der Preis wird durch Angebot und Nachfrage bestimmt.

5 Hersteller und Händler vereinbaren zusammen einen Preis.

2 Punkte

Aufgabe 16

Entscheiden Sie, welche zwei Aspekte **nicht** zum Prinzip der sozialen Marktwirtschaft gehören.

1 Der Staat lenkt zentrale Bereiche der Wirtschaft.

2 Es herrscht Gewerbe-, Produktions- und Preisfreiheit.

3 Der Staat darf aus sozial- oder konjunkturpolitischen Maßnahmen in die Wirtschaft eingreifen. ▶ ☐

4 Die Preise für Waren und Dienstleistungen werden nicht staatlich reguliert. ▶ ☐

5 Der Staat reguliert Preise für Dienstleistungen.

1 Punkt

Aufgabe 17

Geben Sie an, welche Position **nicht** unter den steuerlichen Begriff der Werbungskosten fällt.

1 Fortbildungskosten

2 Beiträge zu Haftpflichtversicherungen

3 Gewerkschaftsbeiträge ▶ ☐

4 Aufwendungen für Fachliteratur im ausgeübten Beruf

5 Berufsbekleidung

1 Punkt

Aufgabe 18

Entscheiden Sie, welche Situation zu einer Preiserhöhung führt.

1 Die Nachfrage und das Angebot bleiben gleich.

2 Die Nachfrage sinkt bei gleichbleibendem Angebot.

3 Die Nachfrage sinkt stärker als das Angebot. ▶ ☐

4 Die Nachfrage steigt stärker als das Angebot.

5 Die Nachfrage und das Angebot steigen gleich.

1 Punkt

Aufgabe 19

Ordnen Sie anhand der folgenden Indikatoren dem Jahr 2018 die passende Konjunkturphase zu:

	Wirtschaftswachstum	Inflationsrate	Arbeitslosenquote
2016	1,3 %	1,5 %	7,1 %
2017	1,9 %	1,8 %	5,8 %
2018	3,5 %	2,8 %	3,9 %

1 Depression

2 Expansion

3 Boom ▶ ☐

4 Rezession

5 Abschwung

1 Punkt

Aufgabe 20

Welcher Punkt ist kein Ziel des „magischen Vierecks"?

1 konstantes und angemessenes Wirtschaftswachstum

2 Preisstabilität

3 außenwirtschaftliches Gleichgewicht ▶ ☐

4 hohe Beschäftigung

5 Gewinnoptimierung

1 Punkt

Aufgabe 21

Welche Zuordnung von Bundesland und Landeshauptstadt ist **falsch**?

1 Bayern – München

2 Saarland – Saarbrücken

3 Baden-Württemberg – Stuttgart ▶ ☐

4 Thüringen – Erfurt

5 Mecklenburg-Vorpommern – Rostock

1 Punkt

Aufgabe 22

Für die Wahl der Abgeordneten des Deutschen Bundestages findet man im Grundgesetz Artikel 38 Wahlgrundsätze. Welcher Begriff steht dort **nicht**?

1 frei
2 geheim
3 unmittelbar
4 offiziell
5 allgemein

▶ ☐

1 Punkt

Aufgabe 23

Wer ist das Staatsoberhaupt der Bundesrepublik Deutschland?

1 Bundespräsident*in
2 Bundesrat
3 Bundeskanzler*in
4 Bundestag
5 Außenminister*in

▶ ☐

2 Punkte

Aufgabe 24

Welche zwei Bundesorgane können der Legislative zugeordnet werden?

1 Bundesverfassungsgericht
2 Bundestag
3 Bundesregierung
4 Bundesrat
5 Bundessozialgericht

▶ ☐
▶ ☐

2 Punkte

Aufgabe 25

Für wie viele Jahre Amtszeit werden Bundeskanzler*in und Bundespräsident*in gewählt?

1 1 Jahr
2 2 Jahre
3 3 Jahre
4 4 Jahre
5 5 Jahre

Bundeskanzler*in ▶ ☐
Bundespräsident*in ▶ ☐

Lösungen

Teil 1: Behandlungsassistenz

Aufgabe 1

___ von 1 P. a) *Hinweis: Es ist nur ein weiteres Hauptsymptom verlangt. Neben der Himbeerzunge (Zunge ist zunächst weißlich belegt. Lösen sich die Beläge, erscheint sie stark gerötet, die Papillen der Zunge stehen hervor.) kann auch roter Ausschlag am Gaumen genannt werden.*

Himbeerzunge

___ von 1 P. b) Streptokokken (β-hämolysierende Streptokokken der Gruppe A)

___ von 1 P. c) Tröpfcheninfektion

___ von 1 P. d) Um die anderen Patientinnen und Patienten in der Praxis vor einer Scharlachinfektion zu schützen, sollten diese möglichst keinen Kontakt zu Simone haben (z. B. gesonderter Wartebereich, Simone sofort in einen Behandlungsraum bringen, Termin am Ende der Sprechstunde vereinbaren, wenn möglichst keine weiteren Personen mehr anwesend sind).

___ von 1 P. e) Rachenabstrich

___ von 1 P. f) *Hinweis: Das Mittel der Wahl wäre hier Penicillin.*

Antibiotikum

___ von 3 P. g)

entzündungshemmende Mittel	4
fiebersenkende Mittel	6
schmerzstillende Mittel	1

___ von 3 P. h)
1. Inspektion: Betrachtung/Blickdiagnostik
2. Palpation: Abtasten
3. Auskultation: Abhören

___ von 1 P. i) *Hinweis: Rheumatisches Fieber meint eine Entzündung verschiedener Organsysteme ca. 1 bis 3 Wochen nach dem Streptokokkeninfekt. Meningitis ist eine Hirnhautentzündung, Myokarditis eine Herzmuskelentzündung und Glomerulonephritis eine Entzündung der Nierenkörperchen. Arthritis urica steht für Gicht.*

4 a – c – d

___ von 4 P. j) *Hinweis: „Was" beschreibt beispielsweise Flächendesinfektion, „Wann" den Zeitpunkt (z. B. nach der Kontamination), „Wer" die Person (z. B. MFA), „Wie" die Methode (z. B. Wischdesinfektion) und „Womit" beschreibt beispielsweise ein konkretes Produkt, das in der Praxis verwendet wird.*

Was **Wann** **Wer** **Wie** **Womit**

Aufgabe 2

___ von 2 P.

a) Osteoporose: Knochenschwund

Fraktur: Knochenbruch

___ von 1 P.

b) *Hinweis: Die folgenden Begriffe können ausgeschlossen werden: Hyperlordose (Hohlkreuz meist im Bereich der Lendenwirbelsäule), Skoliose (seitliche Verkrümmung der Wirbelsäule), Spondylitis (Entzündung der Wirbelkörper) und Spondylolisthesis („Wirbelgleiten" nach ventral).*

4 Hyperkyphose

___ von 1 P.

c) *Hinweis: Nudeln enthalten vor allem Kohlenhydrate als Hauptnährstoff. Calcium ist in Nudeln nur in sehr geringen Mengen vorhanden. Als calciumreiche Lebensmittel gelten beispielsweise Spinat, Brokkoli, Milchprodukte und Walnüsse.*

1 Eine calciumreiche Ernährung erreicht man vor allem durch den Verzehr von Nudeln.

___ von 1 P.

d) *Hinweis: DXA (oder DEXA) steht für Dual Energy X-Ray Absorptiometry und gilt als „Goldstandard"-Methode der Knochendichtemessung.*

3 a – b

___ von 3 P.

e)
- Abstand
- Abschirmung
- Aufenthaltsdauer (minimieren)

___ von 1 P.

f) Auftragsleistung

___ von 3 P.

g) **1:** Os ilium

2: Os sacrum

5: Femur

___ von 5 P.

h) *Hinweis: Für den 17.03. kann die Versicherungspauschale (erster Arzt-Patienten-Kontakt im Quartal) mit der GOP 03000 abgerechnet werden. Am 29.03. darf die OP-Vorbereitung streng genommen noch nicht abgerechnet werden, da der Arztbrief erst am Folgetag fertiggestellt und abgeholt wurde. Diese darf nun am 30.03. mit der GOP 31013 als OP-Vorbereitung nach Vollendung des 60. Lebensjahres vermerkt werden. Da die Laborwerte von der Laborgemeinschaft ausgewertet werden, dürfen sie nicht von der Praxis abgerechnet werden. Am 10.04. darf die Versichertenpauschale erneut abgerechnet werden, da ein neues Quartal begonnen hat. 03230 darf als problemorientiertes ärztliches Gespräch von mindestens 10 Minuten Dauer doppelt abgerechnet werden, da das Gespräch 23 Minuten dauerte.*

27.03.: 03000

29.03.: –

30.03.: 31013

10.04.: 03000–03230 × 2

Aufgabe 3

___ von 4 P. a) *Hinweis: Bitte beachten Sie, dass relativer Insulinmangel bedeutet, dass eine Insulinsekretion vorhanden ist, aber keine Wirkung am Zielort. Beim absoluten Insulinmangel hingegen besteht keine Insulinproduktion und -sekretion.*

relativer Insulinmangel	2
absoluter Insulinmangel	1
Ursache u. a. Autoimmunerkrankung	1
erhöhtes Risiko bei Adipositas	2

___ von 1 P. b) Hyperglykämie

___ von 1 P. c) „Langzeitzucker"; dieser gibt Auskunft über den durchschnittlichen Blutzuckerwert der vergangenen 8–12 Wochen.

___ von 1 P. d) [2] Ein HbA1c-Wert von ca. 7 % spricht für einen gut eingestellten Diabetes mellitus.

___ von 1 P. e) Insulin senkt den Blutzuckerspiegel.

___ von 1 P. f) Pankreas

___ von 1 P. g) [5] a – b – d

___ von 4 P. h) *Hinweis: Alternativ könnten Sie auch periphere arterielle Verschlusskrankheit (pAVK) oder diabetischer Fuß aufführen.*

- Apoplex
- Herzinfarkt
- Niereninsuffizienz
- Netzhautschädigung bis hin zur Erblindung

___ von 11 P. i) *Hinweis: Mit der Ziffer 03000 wird die Versichertenpauschale (erster Arzt-Patienten-Kontakt) abgerechnet. Da Herr Grundmüller wegen einer gesicherten lebensverändernden chronischen Erkrankung behandelt wird, wird 03220 als Zuschlag zu 03000 berechnet. Dies ist nur möglich, wenn die Behandlung „kontinuierlich" erfolgt. Dabei gilt die „4-3-1-2" Regel: Im Zeitraum der letzten **4** Quartale erfolgte wegen derselben Diagnose mindestens **1** Arzt-Patienten-Kontakt pro Quartal. In mindestens **3** Quartalen erfolgte der Arztbesuch in derselben Praxis. Mindestens in **2** Quartalen muss ein persönlicher Arzt-Patienten-Kontakt erfolgen. Voraussetzung für die GOP 32025 ist, dass das Untersuchungsergebnis innerhalb einer Stunde nach Materialentnahme vorliegt. Dies ist bei der Teststreifenuntersuchung der Fall. 32022 ist die Ausnahmekennziffer für manifesten Diabetes mellitus. Das Laborbudget der Praxis wird dadurch nicht belastet. 32135 wird für jeden Mikroalbuminurie-Nachweis aufgeführt. Beim zweiten Arzt-Patienten-Kontakt im Quartal darf am 10.05. die GOP 03221 als Zuschlag zur 03220 abgerechnet werden.*

03.05.: 03000–32025–32022–03220
06.05.: 32135–32022
08.05.: 32135–32022
10.05.: 32135–32022–03221

Aufgabe 4

___ von 1 P. a) Chronisch obstruktive Lungenerkrankung *(chronic obstructive pulmonary disease)*

___ von 1 P. b) Dyspnoe

___ von 3 P. c) Larynx [1]
Trachea [2]
Diaphragma [5]

___ von 1 P. d) *Hinweis: Umwandlung von Lungengewebe zu Bindegewebe ist eine Lungenfibrose.*
[4] Typisch für die COPD ist die Umwandlung von Lungengewebe zu Bindegewebe.

___ von 1 P. e) Zyanose

___ von 1 P. f) [2] Notfall

___ von 1 P. g) Pulsoxymetrie

Aufgabe 5

___ von 3 P. a) *Hinweis: Beachten Sie hier, dass drei Antworten zu nennen sind.*
[2] Vollständiges Lipidprofil (Gesamtcholesterin, HDL, LDL, Triglyceride)
[3] Blutzucker nüchtern
[5] Urinteststreifen (Protein, Glukose, Erythrozyten, Leukozyten, Nitrit)

___ von 3 P. b) *Hinweis: Beachten Sie, dass Antwort 2 und 5 kurative und keine präventiven Maßnahmen sind.*
Primärprävention [1]
Sekundärprävention [3]
Tertiärprävention [4]

___ von 2 P. c) Prostatakrebs: ab 45
Darmkrebs: ab 50

___ von 1 P. d) *Hinweis: Im Alter zwischen 50 und 54 besteht jährlich ein Anspruch auf einen Stuhltest (Test auf verborgenes, d. h. okkultes Blut im Stuhl). Ab 55 Jahren besteht dieser Anspruch alle zwei Jahre. Alternativ können Männer ab 50 und Frauen ab 55 eine Darmspiegelung in Anspruch nehmen. Ist der Befund unauffällig, wird sie nach zehn Jahren wiederholt.*
Test auf okkultes Blut im Stuhl (iFOBT) und Koloskopie

___ von 6 P. e) *Hinweis: Die Gesundheitsuntersuchung (GU) wird mit der GOP 01732 vermerkt. 01746 steht für Hautkrebsscreening, falls es in Kombination mit der GU durchgeführt wird. Falls in der Praxis das Hautkrebsscreening isoliert durchgeführt wird, so gilt die GOP 01745. Im Rahmen der GU werden die Urinstreifenuntersuchung mit 32880, die*

Blutzuckerbestimmung mit 32881 und die Bestimmung des Lipidprofils mit 32882 abgerechnet. Die Impfung von Herrn Zetterer ist eine sogenannte Reiseimpfung und muss von ihm selbst bezahlt werden, außer es gelten andere Vereinbarungen mit seiner gesetzlichen Krankenkasse. Die Abrechnung erfolgt über eine Privatrechnung. Da es sich um rein präventive Leistungen handelt, kann die GOP 03000 (Versichertenpauschale) nicht abgerechnet werden.

GOP: 01732, 01746, 32880, 32881, 32882
GOÄ: 375

Aufgabe 6

____ von 2 P.

a) Blasenentzündung: Zystitis

Schmerzen beim Wasserlassen: Dysurie

____ von 3 P.

b) **1:** Ren/Nephros
2: Ureter
3: Urethra

____ von 1 P.

c) *Hinweis: Um die Pollakisurie von der Polyurie abzugrenzen, ist die erhöhte Urinausscheidung hinsichtlich der Menge (i. d. R. weit mehr als 2 Liter am Tag) heranzuziehen.*

[2] Pollakisurie

____ von 3 P.

d)
- Harnstoff
- Harnsäure
- Kreatinin

____ von 4 P.

e)
- Leukozyten
- Erythrozyten
- Eiweiß
- Nitrit

____ von 2 P.

f) *Hinweis: Zur Einstellung der richtigen Ebene wird zunächst das 10er-Objektiv verwendet.*

Zur Betrachtung der Gesichtsfelder wird das 40er-Objektiv verwendet. Außerdem ist der Kondensor unten und die Kondensorblende eng.

____ von 2 P.

g) *Hinweis: Das briefumschlagähnliche Aussehen der Calciumoxalate kann man sich gut merken, da im Wort Calciumoxalat ein x zu finden ist, ähnlich wie auf der Rückseite eines Briefkuverts.*

Calciumoxalate, Tripelphosphate

So viele Punkte habe ich erreicht: ________

So lange habe ich gebraucht: ________

Teil 2: Betriebsorganisation und -verwaltung

Aufgabe 1

____ von 1 P. a) Berufsbildungsgesetz (BBiG)

____ von 2 P. b) *Hinweis: Im Bürgerlichen Gesetzbuch findet man Regelungen die Ausbildung betreffend, wie Beschränkte Geschäftsfähigkeit (§ 106 BGB bzw. §§ 104 – 113 BGB) oder Zustandekommen des Ausbildungsvertrags (§§ 10, 11 BBiG in Verbindung mit § 145 und § 151 BGB). Das Jugendarbeitsschutzgesetz ist wichtig, da Frank erst 16 Jahre alt ist und somit besondere Regelungen z. B. zu Arbeitszeiten gelten.*

- Bürgerliches Gesetzbuch (BGB)
- Jugendarbeitsschutzgesetz (JArbSchG)

____ von 1 P. c) *Hinweis: Natürlich dürfen Sie hier auch die konkrete Landesärztekammer nennen, wie Bayerische Landesärztekammer oder Ärztekammer Brandenburg.*

Die zuständige Ärztekammer

____ von 1 P. d) *Hinweis: Hier können Sie die anderen Möglichkeiten ausschließen. (1) Was an der Berufsschule unterrichtet wird (Rahmenlehrplan) legt die Kultusministerkonferenz fest. (2) Vertragsärzte und -ärztinnen werden durch die Kassenärztliche Vereinigung der jeweiligen Länder zugelassen. (3) Nur Auszubildende und Ausbildende sind Vertragspartner. (5) Die jeweilige Kassenärztliche Vereinigung führt die Abrechnung durch.*

[4] Die Zwischenprüfung wird von ihr durchgeführt.

____ von 1 P. e) *Hinweis: Es muss ein außerordentlicher Grund vorliegen. Im Folgenden finden Sie drei Beispiele, Sie müssen nur einen nennen.*

unentschuldigtes Fehlen, Diebstahl oder Schweigepflichtsverletzung

Aufgabe 2

____ von 1 P. a) *Hinweis: Hier gibt es einige Ausnahmen; Meldepflicht, Gefährdung höherwertiger Rechtsgüter (z. B. Ansteckungsgefahr, Gefährdung des Straßenverkehrs), Verhinderung schwerwiegender Verbrechen, deren Nennung jedoch nicht in der Aufgabenstellung gefordert ist.*

Nur der Patient bzw. die Patientin selbst kann von der Schweigepflicht entbinden.

____ von 2 P. b) *Hinweis: Beachten Sie, dass Sie sowohl arbeitsrechtliche (fristlose Kündigung) als auch straf- und zivilrechtliche Folgen nennen müssen. Im Strafrecht wird das Verhältnis zwischen Bürger und Staat geregelt, im Zivilrecht das Verhältnis zwischen Bürgern.*

- Der MFA kann fristlos gekündigt werden.
- Die MFA kann straf- und zivilrechtlich (Geld- und Gefängnisstrafe) belangt werden.

____ von 1 P. c) Keine Auskunft geben und freundlich auf die Schweigepflicht verweisen.

____ von 1 P. d) *Hinweis: Beachten Sie, dass Sie die falsche Aussage angeben sollen.*

[1] Es besteht keine Schweigepflicht gegenüber Angehörigen des Patienten bzw. der Patientin.

____ von 3 P.

e) *Hinweis: Es müssen nur drei dieser Pflichten genannt werden.*

- Sorgfaltspflicht
- Aufklärungspflicht
- Meldepflicht
- Dokumentationspflicht
- Haftpflicht

Aufgabe 3

____ von 3 P.

a) *Hinweis: Nummerieren Sie hier von 1 bis 6. Die Wareneingangsprüfung und das Einlagern erfolgt vor Bezahlen der Rechnung.*

Beschaffungsschritte:	Reihenfolge:
innere Wareneingangsprüfung	4
Bezugsquellen ermitteln	1
Rechnung bezahlen	6
bestellen	2
Einlagern der Ware	5
äußere Wareneingangsprüfung	3

____ von 2 P.

b) *Hinweis: Die Informationseinholung dient in diesem Fall lediglich dem Preisvergleich.*

Bestimmte (spezielle) Anfrage, da Herr Dr. Weiser bereits genau vorgegeben hat, welches Produkt er haben möchte.

____ von 1 P.

c) *Hinweis: Beachten Sie, dass der Gesetzgeber davon ausgeht, dass Antrag (Angebot) und Annahme (evtl. Bestellung) auf dem gleichen Weg versendet werden. Für den Postweg werden 6–8 Tage angenommen.*

Das Angebot ist ca. eine Woche, also bis 09.04. (6–8 Tage, da per Post eingegangen) gültig.

____ von 6 P.

d) *Hinweis: Auf das vollständige korrekte Schema gibt es einen Punkt. Die korrekte Eintragung zum Listeneinkaufspreis wird mit einem Punkt bewertet. Alle weiteren Zeilen sind mit 0,5 Punkten zu berechnen.*

Kalkulationsschema	Betrag in Euro	
Listeneinkaufspreis	2.100,00 €	(2 · 1.050,00 €)
– Rabatt 5 %	– 105,00 €	(2.100 € · 5 : 100)
= Zieleinkaufspreis netto	1.995,00 €	
+ Mehrwertsteuer 19 %	+ 379,05 €	(1.995 € · 19 : 100)
= Zieleinkaufspreis brutto	2.374,05 €	
– Skonto 3 %	– 71,22 €	(2.374,05 € · 3 : 100)
= Bareinkaufspreis	2.302,83 €	
+ Bezugskosten	+ 15,00 €	(Listenpreis < 2.500,00 €)
= Bezugspreis/Einstandspreis	2.317,83 €	

___ von 3 P.

e) *Hinweis: Es sind nur drei Antworten gefordert. Andere Varianten sind auch denkbar.*

- Qualität
- Service
- Garantie
- Lieferzeit
- Ökologische Aspekte (Herstellungsort, Lieferwege, Verpackung, …)

___ von 1 P.

f) *Hinweis: Der gesetzliche Lieferzeitpunkt ist sofort, sofort stellt aber einen unbestimmten Liefertermin dar. Aus diesem Grund tritt erst durch eine Mahnung ein Lieferverzug ein.*

[4] mit Zugang einer Mahnung

___ von 2 P.

g) versteckter Mangel in der Beschaffenheit

___ von 2 P.

h) Nein, er muss erst das vorrangige Recht der Nacherfüllung in Anspruch nehmen, d. h. Nachbesserung oder Neulieferung.

___ von 5 P.

i) *Hinweis: Beachten Sie für die Berechnung der Zinstage, dass der Kredit am letztmöglichen Skontoabzugstag aufgenommen und am letzten Tag der Zahlungsfrist zurückgezahlt wird.*

1. Rechnungsbetrag nach Skontoabzug:

$$\frac{2.400{,}00\,€ \cdot 2}{100} = 48{,}00\,€$$

$$2.400{,}00\,€ - 48{,}00\,€ = 2.352{,}00\,€$$

2. Zinstage berechnen: 60 Tage (Zahlungsfrist) – 20 Tage (Skontofrist) = 40 Tage

3. Zinsen berechnen:

$$Z = \frac{K \cdot p \cdot t}{100 \cdot 360} = \frac{2.352{,}00 \cdot 8{,}4 \cdot 40}{36.000} = 21{,}95\,€$$

4. Finanzierungserfolg: Skonto – Zinsen = 48,00 € – 21,95 € = 26,05 €

⇒ Finanzierungsgewinn: Die Aufnahme des Kredits lohnt sich für die Praxis.

Aufgabe 4

___ von 2 P.

a) *Hinweis: Der zu mischende Stoff wird im Schema in der Mitte notiert. Überkreuz können Sie die Differenz zwischen der Konzentration der Ausgangsstoffe und dem herzustellenden Stoff ermitteln. Das Ergebnis wird so weit wie möglich gekürzt, sodass man das Mischungsverhältnis erhält. Insgesamt handelt es sich hier um 16 Teile.*

K(onzentrat)	80 % ↘		↗ 5 Teile (: 5)	1 Teil	
M(ischung)		5 %		16 Teile	K : W = 1 : 15
W(asser)	0 % ↗		↘ 75 Teile (: 5)	15 Teile	

___ von 2 P.

b) *Hinweis: Ordnen Sie hier die 200 ml in der Aufgabenstellung dem richtigen Anteil aus der Aufgabe a) zu. Nutzen Sie den Dreisatz mit geradem Verhältnis, um die Aufgabe zu lösen.*

$1 \text{ Teil} = 200\ m\ell$

$16 \text{ Teile} = x$

$x = 200 \cdot 16 = 3.200\ m\ell = 3{,}2\ \ell$

Aufgabe 5

___ von 5 P.

a) *Hinweis: Der Vermerk „vertraulich" ist wie „persönlich" zu behandeln.*

Anschrift	
Tanja Stein Fachärzte für Allgemeinmedizin Praxis Dr. Hader/Dr. Weiser Gartenstraße 86 81379 München	Nein, da Empfänger über Praxis
Fachärzte für Allgemeinmedizin Praxis Dr. Hader/Dr. Weiser Gartenstraße 86 81379 München	Ja, da allgemein an Praxis gerichtet
Praxis Dr. Hader/Dr. Weiser Dr. Hader - persönlich - Gartenstraße 86 81379 München	Nein, da Vermerk „persönlich"
Dr. Hader Gartenstraße 86 81379 München	Nein, da Empfänger Dr. Hader
Dr. Weiser Facharzt für Allgemeinmedizin Gartenstraße 86 81379 München	Nein, da Empfänger Dr. Weiser über Praxis

___ von 3 P.

b) *Hinweis: Die Laptoprechnung kann als Dokument der Buchhaltung zugeordnet werden und muss daher 10 Jahre ab Jahresende aufbewahrt werden.*

1. 06.04.2021

2. 31.12.2030

3. 15.03.2023

___ von 3 P.

c)

Werbeprospekt	T
Angebot der JupiterMedia GmbH	P
Quittung für Kauf von Desinfektionsmittel	G
Leasingvertrag Geschäftswagen Dr. Weiser	D
Bewerbung einer MFA	P
Ärzteblatt	T

___ von 2 P. d) Ablage der Schriftstücke nach Krankenkassen **3** sachlogische Ordnung

Ablage der Schriftstücke nach Namen **1** alphabetische Ordnung

___ von 2 P. e) Standardbrief/Einschreiben/Eigenhändig/Rückschein
0,85 € + 2,65 € + 2,20 € + 2,20 € = 7,90 €

Aufgabe 6

___ von 8 P. a) *Hinweis: Auf das vollständige, korrekte Schema gibt es einen Punkt. Beachten Sie, dass die Kirchensteuer (wie hier in der Tabelle angegeben) mit 8 % für Bayern und Baden-Württemberg gilt. In den anderen Bundesländern wird sie mit 9 % berechnet.*

Schema:

	Bruttogehalt	1.931,56 €
+	bAV	76,00 €
=	Gesamtbruttogehalt	2.007,56 €
–	Lohnsteuer	159,16 €
–	Solidaritätszuschlag	0,00 €
–	Kirchensteuer	12,73 €
–	AN-Anteil zu den Sozialversicherungen	382,93 €
=	Nettogehalt	1.452,74 €
–	bAV	76,00 €
=	Auszahlungsbetrag	1.376,74 €

___ von 3 P. b) *Hinweis: Zur Lösung der Aufgabe müssen Sie Lohnsteuer (Lst.), Kirchensteuer (Kst.), Arbeitnehmeranteil zu den Sozialversicherungen (SV) addieren. Wenden Sie zur Berechnung den Dreisatz mit geradem Verhältnis an.*

Summe: Lst. + Kst. + SV = 159,16 € + 12,73 € + 382,93 € = 554,82 €

Dreisatz:

$1.931,56\,€ = 100\,\%$

$554,82\,€ = x$

$$x = \frac{554,82\,€ \cdot 100\,\%}{1.931,56\,€} = 28,72\,\%$$

___ von 1 P. c) Unfallversicherung

___ von 1 P. d) Arbeitgeber

___ von 1 P. e) BG für Gesundheitsdienst und Wohlfahrtspflege

___ von 1 P. f) Steuerklasse II für Alleinerziehende

___ von 2 P. g) III/V, IV/IV, (IV/IV mit Faktorverfahren)

So viele Punkte habe ich erreicht: ________

So lange habe ich gebraucht: ________

Teil 3: Wirtschafts- und Sozialkunde

___ von 1 P.

Aufgabe 1

Hinweis: Auszubildende dürfen nicht länger als 8 Stunden pro Tag arbeiten, und bei minderjährigen Auszubildenden wie Lisa ist die wöchentliche Arbeitszeit auf 40 Stunden begrenzt. Auch dürfen sie nur an 5 Tagen pro Woche arbeiten. Ausnahmen sind nur unter bestimmten Umständen erlaubt.

[4] 8 Stunden am Tag bei 40 Stunden in der Woche

___ von 1 P.

Aufgabe 2

[3] Lisa und ihre Erziehungsberechtigten müssen den Vertrag unterschreiben.

___ von 1 P.

Aufgabe 3

[2] Ja, auch einer Auszubildenden kann gekündigt werden, wenn ein wichtiger Grund vorliegt.

___ von 1 P.

Aufgabe 4

[4] Agentur für Arbeit

___ von 1 P.

Aufgabe 5

[3] Er hat einen Anspruch auf Arbeitslosengeld I, weil während der Ausbildungszeit mehr als 12 Monate Beiträge zur Arbeitslosenversicherung geleistet wurden.

___ von 1 P.

Aufgabe 6

[3] zwischen den Arbeitgebervertretern und den Arbeitnehmervertretern

___ von 1 P.

Aufgabe 7

[3] Regelungen für Sondervergütungen im Betrieb

____ von 1 P.

Aufgabe 8

Hinweis: Die allgemeinen Aufgaben einer JAV umfassen alle Angelegenheiten sozialer, personeller oder wirtschaftlicher Art, die die Jugendlichen und Auszubildenden im Betrieb direkt oder indirekt berühren (§ 70 Abs. 1 BetrVG). Die JAV hat keinen unmittelbaren Unterrichtungsanspruch gegenüber dem Dienststellenleiter, sondern nur gegenüber dem Betriebsrat (BR). Nur der Betriebsrat (BR) darf Verhandlungen direkt mit den Arbeitgebern führen. Sind zur Erfüllung der Aufgaben Gespräche mit den Arbeitgebern nötig, muss sich die JAV daher zuerst an den BR wenden.

[5] Die JAV-Mitglieder dürfen beantragen, dass die Einführung eines verbesserten Beurteilungssystems für die Auszubildenden des Klinikums in der nächsten Betriebsratssitzung als Tagesordnungspunkt eingebracht und anschließend erörtert wird.

____ von 2 P.

Aufgabe 9

Hinweis: Es dürfen alle Mitarbeiter (Arbeitnehmer und Auszubildende), die das 25. Lebensjahr noch nicht vollendet haben, gewählt werden.

[1] Tom Trab, Auszubildender zum MFA, 19 Jahre

[5] Larissa Williams, MFA, 23 Jahre

____ von 1 P.

Aufgabe 10

[1] Kirchensteuer

____ von 1 P.

Aufgabe 11

Hinweis: Im Falle der Krankschreibung eines Arbeitnehmers bzw. einer Arbeitnehmerin zahlt der Arbeitgeber das Gehalt 6 Wochen weiter. Falls der Arbeitnehmer bzw. die Arbeitnehmerin dann immer noch arbeitsunfähig ist, übernimmt die Krankenkasse, die ein Krankengeld zahlt (70 % des Bruttoeinkommens). Davon ist die Angestellte nicht betroffen, da die Dauer ihrer Krankschreibung darunterliegt.

[3] Die Arztpraxis zahlt den Lohn die gesamte Zeit weiter.

____ von 2 P.

Aufgabe 12

[4] Individuelle Gesundheitsleistungen (IGeL)

[5] Lohnfortzahlung bei Krankheiten bis 2 Wochen

____ von 1 P.

Aufgabe 13

[3] 5 Pflegegrade

____ von 1 P.

Aufgabe 14

[1] Inflation

___ von 1 P.

Aufgabe 15

4 Der Preis wird durch Angebot und Nachfrage bestimmt.

___ von 2 P.

Aufgabe 16

1 Der Staat lenkt zentrale Bereiche der Wirtschaft.

5 Der Staat reguliert Preise für Dienstleistungen.

___ von 1 P.

Aufgabe 17

Hinweis: Die Beiträge zu Haftpflichtversicherungen gehören wie auch die Beiträge zur Sozial-, Unfall- und Lebensversicherung zu den Sonderausgaben.

2 Beiträge zu Haftpflichtversicherungen

___ von 1 P.

Aufgabe 18

Hinweis: Wenn die Nachfrage das Angebot übersteigt (=Nachfrageüberhang), steigt der Preis.

4 Die Nachfrage steigt stärker als das Angebot.

___ von 1 P.

Aufgabe 19

Hinweis: Das Wirtschaftswachstum nimmt langsam zu, die Preissteigerungen sind gering und die Beschäftigungssituation verbessert sich.

2 Expansion

___ von 1 P.

Aufgabe 20

5 Gewinnoptimierung

___ von 1 P.

Aufgabe 21

Hinweis: Die Landeshauptstadt von Mecklenburg-Vorpommern ist Schwerin.

5 Mecklenburg-Vorpommern – Rostock

___ von 1 P.

Aufgabe 22

4 offiziell

___ von 1 P.

Aufgabe 23

1 Bundespräsident*in

___ von 2 P.

Aufgabe 24

[2] Bundestag

[4] Bundesrat

___ von 2 P.

Aufgabe 25

Bundeskanzler*in [4]

Bundespräsident*in [5]

So viele Punkte habe ich erreicht: ________

So lange habe ich gebraucht: ________

100 Punkte
90 Minuten

Teil 1: Behandlungsassistenz

Aufgabe 1

Die 67-jährige Frau Hartmann kommt in die Sprechstunde. Sie klagt über immer wiederkehrendes Stechen in der Brust. Insbesondere wenn sie die Treppen zu ihrer Wohnung hinaufsteigt, „sticht es extrem und es zieht ihr die Brust zusammen".

1 Punkt

a) Diese Beschwerden treten typischerweise im Rahmen einer KHK (koronare Herzkrankheit) auf. Wie nennt man dieses spezifische Engegefühl in der Brust mit Fachbegriff?

______

______

3 Punkte

b) Nennen Sie neben körperlicher Anstrengung (hier: Treppensteigen) drei weitere Faktoren, welche diese Symptome auslösen können.

______

______

______

Frau Dr. Hader verabreicht Frau Hartmann Nitrospray und beauftragt Sie, sofort ein Ruhe-EKG anzufertigen.

1 Punkt

c) Welche Aussage zum EKG trifft zu?

1 Am rechten Bein befestigt man die rote Extremitätenableitung nach Goldberger.

2 Das 12-Kanal-EKG besteht aus 10 Ableitungen.

3 Der QRS-Komplex zeigt die Erregungsausbreitung in den Kammern. ▶ ☐

4 Die T-Welle entspricht der Kammerregung.

5 Einen frischen Herzinfarkt erkennt man an der PQ-Hebung.

5 Punkte d) Beschriften Sie die EKG-Kurve mit den entsprechenden Begriffen.

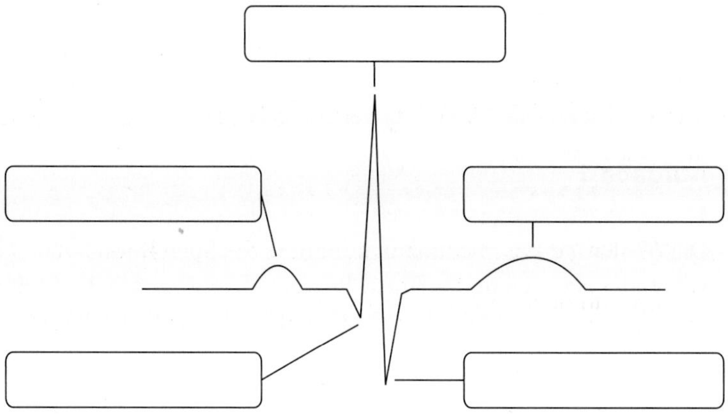

Aufgrund der raschen Besserung nach Gabe des Nitrosprays geht Frau Dr. Hader nicht von einem frischen Herzinfarkt aus. Sie verschreibt Frau Hartmann ein Nitrospray für den Notfall und überweist sie zur Abklärung der KHK an die Radiologie. Dort soll eine Koronarangiographie durchgeführt werden.

1 Punkt e) Was wird bei einer Koronarangiographie dargestellt?

____

____

4 Punkte f) Beschriften Sie die in der Abbildung mit den Ziffern 1, 2, 3 und 4 gekennzeichneten Bestandteile.

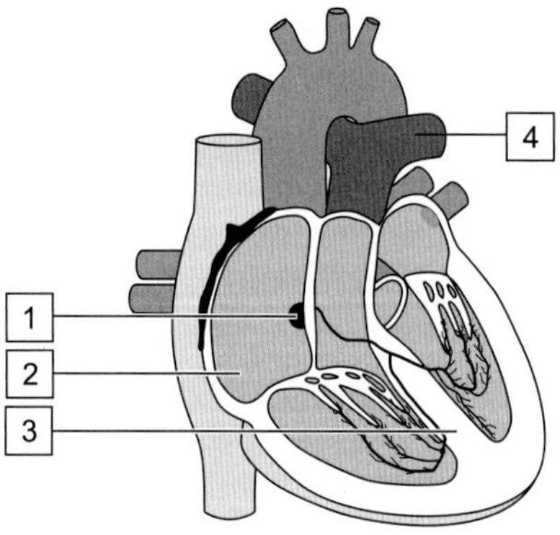

1: ______________________

2: ______________________

3: ______________________

4: ______________________

Aufgabe 2

Herr Meier, 73 Jahre alt, kommt wegen der chronischen, immer stärker werdenden Schmerzen im rechten Kniegelenk in die Praxis. Vor 8 Jahren wurde dort eine Arthrose diagnostiziert. Die verordneten Medikamente reichen nun aber zur Schmerzlinderung nicht mehr aus.

3 Punkte a) Nennen Sie die Fachbegriffe für die folgenden Bezeichnungen.

Kniearthrose: ______________________________

Hüftarthrose: ______________________________

Schulterarthrose: ______________________________

1 Punkt b) Arthrose ist eine degenerative Gelenkerkrankung. Was versteht man unter Degeneration?

____

6 Punkte c) Um welche Gelenkformen handelt es sich bei den folgenden Abbildungen? Nennen Sie jeweils ein Beispiel im menschlichen Körper.

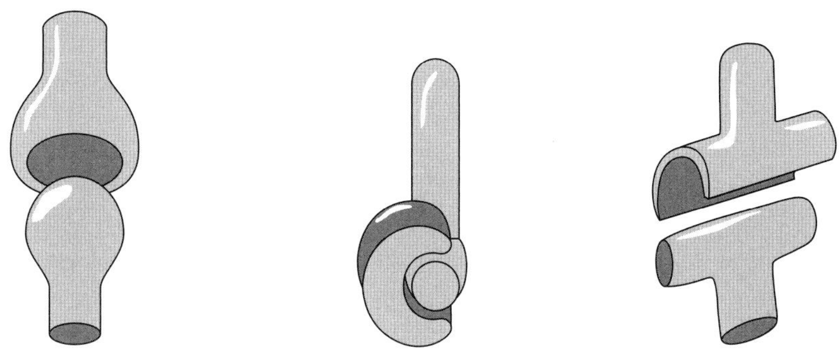

a b c

____

____

____

1 Punkt d) Welche Aussagen zu Gelenken sind richtig? Wählen Sie die richtige Kombination.

Aussagen:		Kombinationen:	
a	Der Gelenkknorpel ernährt sich aus Nährstoffen der Gelenkflüssigkeit.	1	a – c – d
b	Der Gelenkknorpel ist ein eher schlecht durchblutetes Gewebe.	2	b – d – e
c	Der Gelenkknorpel ist ein Faserknorpel.	3	a – b – c – d – e ▶ ☐
d	Die Gelenkflüssigkeit nennt man auch Synovia.	4	a – b – d
e	In jedem echten Gelenk gibt es Menisken.	5	a – e

Herr Dr. Weiser erklärt dem Patienten, dass die Implantation einer TEP notwendig werden könne.

1 Punkt e) Was bedeutet TEP in diesem Zusammenhang?

____

4 Punkte f) Beschriften Sie die in der Abbildung mit den Ziffern 1, 2, 3 und 4 gekennzeichneten Bestandteile mit Fachbegriffen.

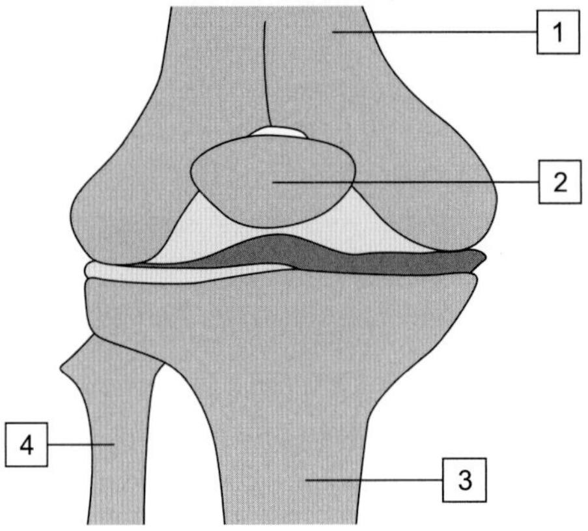

1: ____________________

2: ____________________

3: ____________________

4: ____________________

Aufgabe 3

Der 52-jährige Herr Kowalski kommt am 03.04. zur Krebsfrüherkennungsuntersuchung für Männer (erster Arzt-Patienten-Kontakt im Quartal). Schon bei der Anamnese berichtet er, dass in letzter Zeit sein Harnstrahl etwas schwächer geworden sei. Nach dem Wasserlassen habe er außerdem das Gefühl, dass sich immer noch etwas Restharn in der Blase befinde. Aufgrund der geschilderten Symptomatik entscheidet Dr. Weiser mit dem Patienten, einen PSA-Test durchzuführen (keine Kassenleistung), die venöse Blutentnahme erledigen Sie. Die Bestimmung des PSA-Werts erfolgt durch ein Facharztlabor.

1 Punkt a) Wofür steht die Abkürzung PSA in diesem Fall?

____

1 Punkt b) Welches Formular verwenden Sie für die Auftragsleistung im Facharztlabor?

____

1 Punkt c) Welche Aussage zur venösen Blutentnahme ist richtig?

1 Der Stauschlauch muss nach spätestens 2 Minuten gelöst werden.

2 Um besser Blut entnehmen zu können, muss der Patient „pumpen“.

3 Der Stauschlauch ist zu lösen, sobald Blut fließt. ▶ ☐

4 Das erste zu befüllende Röhrchen ist das Heparin-Röhrchen.

5 Das erste zu befüllende Röhrchen ist das EDTA-Röhrchen.

Dr. Weiser führt eine digitale Tastuntersuchung der Prostata durch. Der Tastbefund der digitalen Austastung ergibt eine vermeintliche Prostatahyperplasie. Dieser Verdacht bestätigt sich bei der transrektalen Ultraschalluntersuchung.

3 Punkte d) Ordnen Sie den Bestandteilen Prostata, Urethra und Rektum jeweils die richtige Ziffer zu.

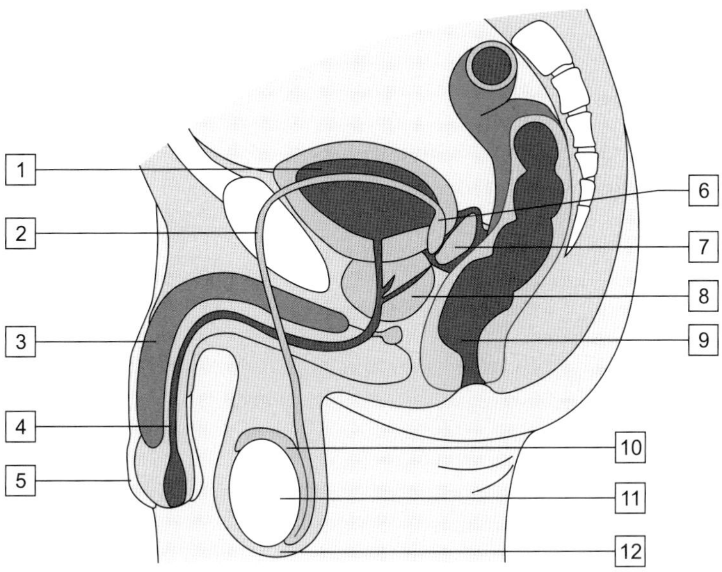

Prostata ▶ ☐

Urethra ▶ ☐

Rektum ▶ ☐

1 Punkt e) Welche Aussage zur Prostata trifft zu?

1 Die Prostata produziert Spermien.

2 Die Prostata produziert Testosteron.

3 Der deutsche Begriff für Prostata ist Bläschendrüse. ▶ ☐

4 In der Prostata reifen die Spermien.

5 Die Prostata produziert einen Teil der Samenflüssigkeit.

1 Punkt f) Was ist eine Prostatahyperplasie?

___

Zum Ausschluss eines Prostatakarzinoms überweist Herr Dr. Weiser den Patienten zum Urologen. Dort soll eine Prostatabiopsie durchgeführt werden.

1 Punkt g) Welche Aussagen zum Prostatakarzinom treffen zu? Wählen Sie die richtige Kombination.

Aussagen:	Kombinationen:
a Das Karzinom wächst verdrängend.	1 a – b – e
b Das Karzinom kann metastasieren.	2 b – c – d
c Das Karzinom wächst invasiv.	3 b – e
d Das Karzinom wächst schnell.	4 b – c – e
e Das Karzinom wächst langsam.	5 a – b – c – d

▶ ☐

1 Punkt h) Definieren Sie kurz Biopsie.

____

Die Krebsfrüherkennungsuntersuchung wird am 03.04. komplett abgeschlossen.

4 Punkte i) Rechnen Sie den kompletten Fall ab.

____

____

Aufgabe 4

Sie haben heute in Ihrer Praxis Labordienst und nehmen bei verschiedenen Patienten Blut ab. Patientin Frau Stadler zieht plötzlich ihren Arm zurück, als Sie die Kanüle aus der Vene entfernen wollen. Sie stechen sich versehentlich mit der benutzten Kanüle.

2 Punkte a) Welche Sofortmaßnahmen müssen Sie unverzüglich einleiten, um eine eventuelle Infektion zu verhindern?

____

____

1 Punkt b) Wer ist für die weitere ärztliche Behandlung in diesem Fall zuständig?

____

1 Punkt

c) Wer übernimmt in Ihrem Fall die Kosten?

[1] Verband medizinischer Fachberufe e. V.

[2] Berufsgenossenschaft für Gesundheit

[3] Berufsgenossenschaft für Heilberufe ▶ ☐

[4] Berufsgenossenschaft für Gesundheitsdienst und Wohlfahrtspflege

[5] Die regionale Unfallkasse

Es ist nicht bekannt, ob „Indexpatientin“ Frau Stadler an infektiösen Erkrankungen leidet.

1 Punkt

d) Welche Aussage trifft zu? Wählen Sie die richtige Kombination.

Aussagen:	Kombinationen:
a Frau Stadler wird in jedem Fall auf Hepatitis B/C und HIV getestet.	[1] a – e
b Frau Stadler wird nur auf Hepatitis B/C und HIV getestet, falls sie einverstanden ist.	[2] b – c – d
c Bei Frau Stadler und Ihnen erfolgt ein Test der Blutgruppe.	[3] c – d
d Bei Ihnen wird der Antikörperstatus hinsichtlich Hepatitis B/C und HIV geprüft.	[4] b – e
e Nach einer Nadelstichverletzung erfolgt immer eine passive Impfung gegen Hepatitis B und C.	[5] b – d

▶ ☐

1 Punkt

e) Wie nennt man den Infektionsweg (Fachbegriff) bei Ansteckung durch eine Nadelstichverletzung?

____

Falls Frau Stadler HIV-positiv getestet wird, müssen Sie eine sogenannte PEP durchführen.

1 Punkt

f) Wofür steht die Abkürzung PEP in diesem Zusammenhang?

____

Die Übertragung von Hepatitis B/C und HIV erfolgt u. a. über Blut.

5 Punkte

g) Ordnen Sie den deutschen Begriffen die jeweiligen Fachbegriffe zu, indem Sie die richtige Kennziffer eintragen.

1 Rote Blutkörperchen	Hämatokrit	▶ ☐
2 Weiße Blutkörperchen	Hämoglobin	▶ ☐
3 Blutplättchen	Erythrozyten	▶ ☐
4 Fester Bestandteil des Blutes	Thrombozyten	▶ ☐
5 Roter Blutfarbstoff	Leukozyten	▶ ☐

1 Punkt

h) Welche Aussage ist **falsch**?

1 Nach einer HIV-Infektion kann man die Antikörper erst nach mehreren Wochen nachweisen.

2 HIV wird auch über die Muttermilch übertragen.

3 HIV-Antikörper kann man bereits unmittelbar nach einer Infektion nachweisen. ▶ ☐

4 Die Übertragungswege von Hepatitis B und C sind ähnlich wie bei HIV.

5 Für Medizinische Fachangestellte wird zum Berufseintritt eine Hepatitis-B-Immunisierung empfohlen.

Aufgabe 5

In der Sprechstunde am Donnerstag, 23.06., sind kurz vor 18.00 Uhr immer noch drei Patienten im Wartezimmer. Um 19.00 Uhr kommt plötzlich noch Frau Binder in Begleitung ihres Mannes (erster Arzt-Patienten-Kontakt im Quartal). Sie leidet unter massiven Bauchkrämpfen und kann kaum aufrecht gehen. Frau Binder ist 46 Jahre alt und leicht übergewichtig. Sie bringen die Patientin sofort in ein Behandlungszimmer und rufen Frau Dr. Hader.

1 Punkt

a) Nennen Sie den Fachbegriff für immer wiederkehrende krampfartige Bauchschmerzen.

____

1 Punkt

b) Ein akutes Abdomen kann viele Ursachen haben. Welche Aussage ist **falsch**?

1 Bei Frau Binder sollte ein Schwangerschaftstest durchgeführt werden.

2 Der Urin sollte auf eine mögliche Harnwegsinfektion untersucht werden.

3 Ein Myokardinfarkt kann bei Frau Binder nicht die Ursache der Beschwerden sein. ▶ ☐

4 Als Ursache kommt u. a. eine Gastroenteritis infrage.

5 Als Ursache kommt u. a. ein Kolonkarzinom infrage.

Anamnese und klinische Untersuchung ergeben den Verdacht, dass es sich um ein Gallensteinleiden handeln könnte.

1 Punkt c) Wie lautet der Fachbegriff für Gallensteinleiden?

1 Punkt d) Sie haben beobachtet, dass der Augenhintergrund von Frau Binder leicht gelblich gefärbt ist. Wie nennt man diese Gelbfärbung?

3 Punkte e) Ordnen Sie den Organen die jeweils passende Ziffer zu.

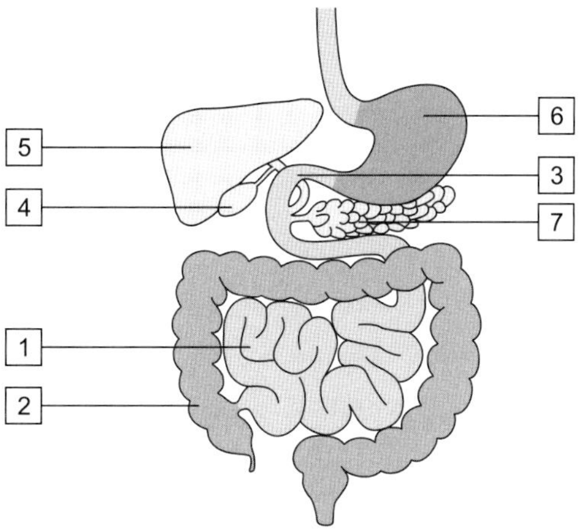

Vesica fellea ▶ ☐

Pankreas ▶ ☐

Hepar ▶ ☐

3 Punkte f) Es gibt bekannte Risikofaktoren, die zu Gallenkoliken führen können („6F"). Ergänzen Sie die fehlenden drei Risikofaktoren (auch auf deutsch möglich).

- female (weibliches Geschlecht)
- fourty (über 40 Jahre alt)
- fat (übergewichtig)

Frau Dr. Hader beauftragt Sie, sofort einen CRP-Schnelltest durchzuführen und alles für eine Ultraschalluntersuchung des Abdomens vorzubereiten.

1 Punkt g) Wofür steht CRP?

___

2 Punkte h) Nennen Sie zwei weitere Entzündungswerte im Blut.

___

___

1 Punkt i) Welche Aussage zur Sonografie ist richtig?

1 Die Sonografie darf nur durchgeführt werden, wenn Frau Binder nicht schwanger ist.

2 Die Sonografie basiert auf elektromagnetischer Strahlung.

3 Adipositas hat keine Auswirkung auf die Qualität des Ultraschallbilds. ▶ ☐

4 Vor einer Sonografie des Abdomens sollten die Patienten und Patientinnen möglichst keine blähenden Speisen zu sich nehmen.

5 Eine Sonderform des Ultraschalls ist die Szintigrafie.

Bei der Sonografie werden die Gallensteine deutlich sichtbar. Da außerdem der CRP-Wert massiv erhöht ist, geht Frau Dr. Hader zusätzlich von einer Cholezystitis aus. Sie verabreicht Frau Binder ein Spasmolytikum und Schmerzmittel. Es erfolgt eine Einweisung ins Krankenhaus, da die Gallenblase unter Umständen entfernt werden muss.

1 Punkt j) Was sind Spasmolytika?

___

4 Punkte k) Rechnen Sie den gesamten Fall ab. Es findet kein weiterer Arzt-Patienten-Kontakt im Quartal statt.

___

___

___

Aufgabe 6

Der 75-jährige Herr Aygün kommt in die Praxis (erster Arzt-Patienten-Kontakt im Quartal). Er kommt zur Kontrolle und zum Verbandswechsel seiner Ulcera, jeweils eines am linken und rechten Unterschenkel. Herr Aygün ist Bluthochdruckpatient und leidet nach einer Thrombose an Varikosis bei chronisch venöser Insuffizienz (CVI). Daher befindet er sich seit 5 Jahren in Dauerbehandlung bei Dr. Weiser.

1 Punkt a) Übersetzen Sie den Begriff Ulcus.

____

1 Punkt b) Wie lautet der Fachbegriff für Bluthochdruck?

____

Neben der CVI ist die pAVK eine weitere gravierende Erkrankung des Blutgefäßsystems.

1 Punkt c) Wofür steht pAVK?

____

6 Punkte d) Ordnen Sie zu, ob es sich bei den folgenden Aussagen um ein CVI oder pAVK handelt, indem Sie die passenden Kennziffern zuordnen.

1	CVI	Die Hochlagerung der Beine verschlimmert die Symptomatik.	▶ ☐
2	pAVK	Die betroffene Extremität ist kalt und blass.	▶ ☐
		Es kommt häufig zu Ödemen.	▶ ☐
		Das Blut versackt, es kommt zu einem Rückstau.	▶ ☐
		Vermehrte Ablagerungen in den Blutgefäßen gelten als Risikofaktor.	▶ ☐
		Die Haut ist oft bräunlich verfärbt.	▶ ☐

1 Punkt e) Welche Aussage zur Varikosis ist **falsch**?

1. Unter Varikosis versteht man das sogenannte Krampfaderleiden.
2. Der Fachbegriff für Krampfadern lautet Varizellen.
3. Die primäre Varikosis entsteht durch eine vermutlich genetisch veranlagte Insuffizienz der Venen und Venenklappen. ▶ ☐
4. Die sekundäre Varikosis kann als Folge einer Thrombose entstehen.
5. Stehende und sitzende Tätigkeiten begünstigen die Entstehung einer Varikosis.

Sie messen bei Herrn Aygün einen Blutdruckwert von 180/95 mmHg.

1 Punkt f) Ab welchen Werten beginnt laut WHO Bluthochdruck?

____

1 Punkt g) Wofür steht die Abkürzung mmHg?

____

Herr Dr. Weiser beauftragt Sie, die Verbände zu entfernen, damit er die Ulcera begutachten kann. Er stellt fest, dass sich an beiden Unterschenkeln Nekrosen gebildet haben. Wegen des erhöhten Aufwands wird mit dem Patienten für morgen ein gesonderter Termin zur Nekrosenabtragung vereinbart. Sie legen dem Patienten einen neuen Verband an.
Da die Blutdruckwerte bei Herrn Aygün zum wiederholten Male zu hoch sind, möchte Herr Dr. Weiser zudem eine Langzeit-Blutdruckmessung durchführen. Sie statten den Patienten mit dem Gerät aus.

1 Punkt h) Welche Aussage zum Verbandswechsel ist richtig?

1. Die Entfernung des alten Verbands muss mit sterilen Handschuhen erfolgen.
2. Die Reinigung einer septischen Wunde erfolgt vom Inneren der Wunde nach außen.
3. Bei einer septischen Wunde muss man keine sterilen Instrumente benutzen. ▶ ☐
4. Eine hygienische Händedesinfektion sollte nach Entfernung des alten Verbands und nach Anlegen des neuen Verbands erfolgen.
5. Das alte Wundverbandsmaterial kann nach entsprechender Aufbereitung wiederverwendet werden.

1 Punkt i) Was ist eine Nekrose?

____

Herr Aygün erscheint am nächsten Tag zum vereinbarten Termin und gibt das Langzeit-Blutdruckmessgerät wieder ab. Dr. Weiser führt eine Nekrosenabtragung an beiden Unterschenkeln durch. Er fotografiert beide Ulcera, um den weiteren Verlauf beurteilen zu können. Er beauftragt Sie, die Wunden mit Hydrokolloidverbänden zu versorgen. Anschließend legen Sie an beiden Beinen Kompressionsverbände an.

1 Punkt

j) Welche Aussage zum Hydrokolloidverband ist **falsch**?

1 Der Hydrokolloidverband eignet sich für chronische Wunden.

2 Der Hydrokolloidverband muss täglich gewechselt werden.

3 Der Hydrokolloidverband sorgt für ein feuchtes und warmes Wundmilieu. ▶ ☐

4 Der Hydrokolloidverband kann direkt auf die Wunde geklebt werden.

5 Hydrokolloidverbände können Bestandteile von Algen enthalten.

1 Punkt

k) Wozu dient ein Kompressionsverband bei chronisch venöser Insuffizienz?

____

Schließlich wertet Dr. Weiser die Daten der Langzeit-Blutdruckmessung aus. Da die Werte durchgängig zu hoch sind, berät er den Patienten hinsichtlich der Lebensführung bei Bluthochdruck und verordnet eine höhere Dosis der Blutdruckmedikamente. Die Gesprächsdauer beträgt 13 Minuten. Ein Termin für die Folgewoche wird vereinbart.

7 Punkte

l) Rechnen Sie den gesamten Fall ab.

Tag 1: ____________________________________

Tag 2: ____________________________________

75 Punkte
90 Minuten

Teil 2: Betriebsorganisation und -verwaltung

Aufgabe 1

Der Auszubildende Frank, geboren am 19.04.2004, beginnt seine Ausbildung zum Medizinischen Fachangestellten am 01.09.2020 in der Allgemeinarztpraxis Dr. med. Stefanie Hader/Dr. med. Gregor Weiser.

2 Punkte a) Wie lauten nach dem Berufsbildungsgesetz die beiden Vertragspartner*innen im Berufsausbildungsvertrag?

2 Punkte b) Dr. Weiser möchte mit Frank eine Probezeit bis zum 31.01.2021 vereinbaren. Begründen Sie anhand der Probezeitregelung im BBiG, ob dies möglich ist.

2 Punkte c) Warum ist eine Probezeit für beide Vertragspartner*innen sinnvoll? Begründen Sie mit jeweils einem Argument.

1 Punkt d) Geben Sie das Datum, das als Ausbildungsende in den Berufsausbildungsvertrag von Frank eingetragen wird, an.

1 Punkt e) Frank plant, an Weihnachten Urlaub zu nehmen, um zu verreisen. Durch welches Gesetz wird sein Urlaubsanspruch geregelt?

3 Punkte f) Wie viele Arbeitstage Urlaub stehen Frank im Jahr 2020 zu?

2 Punkte g) Nennen Sie vier weitere Vertragsinhalte, außer dem Urlaubsanspruch, die sich im Berufsbildungsgesetz (BBiG) im § 11 Vertragsniederschrift befinden.

1 Punkt h) Welche Vereinbarung im Berufsausbildungsvertrag ist zulässig?

[1] Frank muss nach der Ausbildung in der Praxis weiterarbeiten.

[2] Frank muss seinem Chef die Kosten für die Ausbildung zurückerstatten.

[3] Frank bekommt Überstunden nicht erstattet. ▶ ☐

[4] Frank bekommt mehr Urlaubstage als nach der gesetzlichen Regelung vorgesehen.

[5] Frank hat keine Probezeit in der Ausbildung.

Aufgabe 2

Der gesetzlich versicherte Patient Herr Gruber kommt unangemeldet in die Praxis und klagt über starke Kopfschmerzen. Er gibt Ihnen seine elektronische Gesundheitskarte und Sie fordern ihn anschließend auf, im Wartezimmer Platz zu nehmen.

1 Punkt a) Wie kommt der Behandlungsvertrag mit Herrn Gruber zustande?

1 Punkt b) Auf welche Art wurden hier die beiden Willenserklärungen abgegeben?

2 Punkte c) Nennen Sie zwei weitere Möglichkeiten, Willenserklärungen abzugeben.

2 Punkte d) Welche zwei weiteren Möglichkeiten gibt es, dass ein Behandlungsvertrag zustande kommt?

1 Punkt e) Welcher Vertragsart ist der Behandlungsvertrag zuzuordnen?

2 Punkte f) Welche Pflichten entstehen dem Patienten Herrn Gruber durch Abschluss des Behandlungsvertrages?

Aufgabe 3

Im Anschluss kommt Frau Aydogan in die Praxis.

3 Punkte a) Frau Aydogan muss für 40 Tage auf Geschäftsreise. Frau Dr. Hader verschreibt ihr Tropfen gegen ihre Kopfschmerzen. Eine Flasche enthält 25 ml und reicht für 8 Tage. Wie viel ml der Tropfen benötigt Frau Aydogan für 40 Tage? Wie viele Flaschen benötigt sie für 40 Tage?

5 Punkte b) Frau Aydogan war an diesem Tag die letzte Patientin. Sie führen daher eine Flächendesinfektion des Behandlungszimmers durch. Dafür sollen Sie 2 Liter einer 3,5 % igen Desinfektionslösung mischen. Wie viel cm^3 Wasser müssen Sie dem 35 % igen Konzentrat hinzugeben?

Aufgabe 4

Heute haben Sie die Aufgabe, das Lager aufzuräumen und die weiteren Beschaffungsprozesse einzuleiten.

3 Punkte

a) In Ihrer Praxis wird versucht, das Lager möglichst klein zu halten. Nennen Sie drei Vorteile eines kleinen Lagers.

____

____

____

Sie analysieren die Lagerbestandskurve für Kanülen.

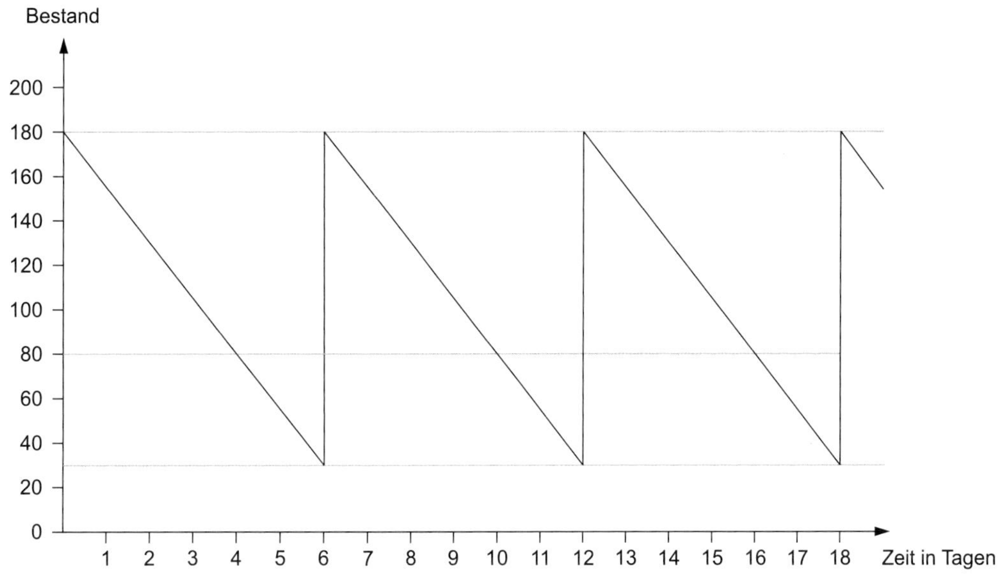

5 Punkte

b) Lesen Sie ab bzw. berechnen Sie die folgenden Werte für die Lagerbestandskurve der Kanülen.

- Meldebestand: ______________________________
- Bestellmenge: ______________________________
- Lieferzeit: ______________________________
- Verbrauch pro Tag: ______________________________
- Mindestbestand: ______________________________

2 Punkte c) In Ihrer Praxis werden täglich 120 Stück Einmalhandschuhe verbraucht. Es müssen immer mindestens 500 Stück als eiserne Reserve auf Lager sein. Die Lieferzeit beträgt 4 Tage. Bei welchem Lagerbestand müssen Sie neu bestellen.

Sie fragen die Einmalhandschuhe bei Ihrem bekannten Lieferanten an und erhalten folgendes Angebot für Einmalhandschuhe per E-Mail.

Nachricht

Von: Medi-Ärztebedarf GmbH
An: Praxis Dr. med. Stefanie Hader / Dr. med. Gregor Weiser
Cc:
Betreff: Angebot für Einmalhandschuhe

Angebot AN-25774

Sehr geehrte Damen und Herren,

wir freuen uns, Ihnen auf Ihre Anfrage hin folgendes Angebot unterbreiten zu können:

Fingerfein Einmalhandschuhe Artikelnummer 773554	Listenpreis pro Packung (50 Stück Einmalhandschuhe) 7,99 €

Wir erheben eine Versandkostenpauschale von 8,50 €. Die Lieferung erfolgt spätestens nach 5 Werktagen. Bei Abnahme von mindestens 5 Packungen erhalten Sie 10 % Mengenrabatt.
Bei Bezahlung innerhalb von 10 Tagen gewähren wir 2 % Skonto, innerhalb von 30 Tagen netto Kasse. Bis zur vollständigen Bezahlung bleibt die Ware unser Eigentum.

Mit freundlichen Grüßen
i. A. Hansen
Medi-Ärztebedarf GmbH

1 Punkt d) Wie lange ist das Angebot der Medi-Ärztebedarf GmbH gültig?

6 Punkte

e) Sie benötigen 500 Stück der Einmalhandschuhe. Berechnen Sie den Bezugspreis mithilfe des Kalkulationsschemas.

	Betrag in Euro

In einem weiteren Angebot fanden Sie die Formulierung „Preis freibleibend".

1 Punkt

f) Wie nennt man allgemein eine solche Formulierung?

1 Punkt

g) Welche Bedeutung hat die Aussage „Preis freibleibend"?

1 Punkt

h) In welchem der folgenden Fälle liegt rechtlich ein Angebot vor?

1 Ein Autohaus inseriert in einer Tageszeitung die neuen Automodelle mit genauen Preisangaben.

2 Im Schaufenster einer Apotheke sind Artikel der Mundhygiene ausgestellt.

3 Eine Firma für Praxisbedarf schreibt Herrn Dr. Weiser persönlich an und bietet ihm verschiedene medizinische Instrumente mit genauen Angaben als Sonderangebot an. ▶ ☐

4 Ein Supermarkt verschickt Postwurfsendungen mit den Sonderangeboten der Woche.

5 Ein Bekleidungshaus schreibt seine Stammkunden und -kundinnen persönlich an, um mitzuteilen, dass die neue Kollektion eingetroffen ist.

Aufgabe 5

In der Teamsitzung besprechen Sie gemeinsam, wie Sie die Qualität der Praxis auf einem möglichst hohen Niveau halten können.

1,5 Punkte a) Nennen Sie drei Qualitätsmanagement-Instrumente, die Sie dem neuen Auszubildenden Frank zur schnelleren Einarbeitung in der Praxis zur Verfügung stellen können.

____

____

____

4 Punkte b) Erklären Sie dem neuen Auszubildenden Frank außerdem vier Maßnahmen, wie der Datenschutz in der Praxis gewährleistet werden kann.

____

____

____

____

4 Punkte c) Um möglichst geringe Patientenwartezeiten in der Praxis zu erreichen, möchten Sie einen PDCA-Zyklus starten. Ordnen Sie hierzu die Phasen des PDCA-Zyklus den einzelnen Schritten zu, indem Sie die Kästchen miteinander verbinden.

Plan	Überprüfung, ob die Pufferzeiten angemessen sind
Do	Einführung von Pufferzeiten zwischen Patiententerminen
Check	ggf. Verlängerung oder Verkürzung der angewandten Pufferzeiten
Act	Pufferzeiten während der tatsächlichen Terminvergabe einbauen

Zur Verbesserung des Datenschutzes kauft die Praxis am 6. Juli neue Rechner und Bildschirme im Wert von 22.975,00 € zu folgenden Bedingungen: „Zahlbar innerhalb von 14 Tagen mit 2,5 % Skonto oder innerhalb von 60 Tagen netto Kasse. Wird das Zahlungsziel überschritten, werden 8 % Verzugszinsen und 15,00 € Mahngebühren berechnet.“

2 Punkte

d) Errechnen Sie den Überweisungsbetrag bei Zahlung am 18. Juli.

1 Punkt

e) Errechnen Sie den Überweisungsbetrag bei Zahlung am 3. September.

4 Punkte

f) Errechnen Sie den Überweisungsbetrag bei Zahlung am 31. Oktober.

Aufgabe 6

Für eine gut funktionierende Praxis ist die Zufriedenheit der Praxismitarbeiter*innen von großer Bedeutung. Dabei spielt auch die finanzielle Sicherheit eine Rolle.

Beitragssätze zur Sozialversicherung (Stand 01.01.2023)

- Krankenversicherung gesamt: 14,6 % (Zusatzbeitrag 0,9 %)
- Rentenversicherung gesamt: 18,6 %
- Pflegeversicherung gesamt: 3,05 %
  (Zuzahlung von 0,35 % für kinderlose Arbeitnehmer ab Vollendung des 23.Lebensjahres)
- Arbeitsförderung gesamt: 2,6 %

7,5 Punkte

Nach ihrer Ausbildung zur MFA verdient Ihre Freundin Tatjana Dietz 1.970,19 € brutto. Sie ist 24 Jahre alt, ledig, evangelisch und kinderlos und erhält eine betriebliche Altersvorsorge über 76,00 € monatlich. Vervollständigen Sie das folgende Schema und berechnen Sie ihren Auszahlungsbetrag.

Bruttogehalt	1.970,19 €
Lohnsteuer	167,50 €
Solidaritätszuschlag	0,00 €
Kirchensteuer	13,40 €

30 Punkte
30 Minuten

Teil 3: Wirtschafts- und Sozialkunde

1 Punkt

Aufgabe 1

Alle wesentlichen Punkte einer Ausbildung sind im Berufsausbildungsvertrag geregelt. Welche Aufgaben und Pflichten haben Auszubildende **nicht**?

1 Besuchen des Berufsschulunterrichts
2 Friedenspflicht
3 Sorgfaltspflicht ▶ ☐
4 Verschwiegenheitspflicht
5 Lernpflicht

1 Punkt

Aufgabe 2

Welches der folgenden Gesetze beinhaltet die Rechte und Pflichten der Ausbildenden und Auszubildenden?

1 Betriebsverfassungsgesetz
2 Berufsbildungsgesetz
3 Bürgerliches Gesetzbuch ▶ ☐
4 Mutterschutzgesetz
5 Sozialgesetzbuch

1 Punkt

Aufgabe 3

Welche Ruhepausengestaltung ist für Anna (Auszubildende zur MFA, 17 Jahre alt) laut Jugendarbeitsschutzgesetz korrekt?

1 Sie arbeitet von 8 bis 16 Uhr mit einer Ruhepause von 12 bis 12.45 Uhr.
2 Sie arbeitet von 9 bis 14 Uhr mit einer Ruhepause von 12 bis 12.20 Uhr.
3 Sie arbeitet von 10 bis 18 Uhr mit einer Ruhepause von 15 bis 16 Uhr. ▶ ☐
4 Sie arbeitet von 8 bis 13.30 Uhr mit einer Ruhepause von 11.30 bis 12 Uhr.
5 Sie arbeitet von 12 bis 18 Uhr mit einer Ruhepause von 12.30 bis 13.30 Uhr.

1 Punkt

Aufgabe 4

Wie lang muss eine Arbeitsunterbrechung laut Jugendarbeitsschutzgesetz mindestens dauern, um als Ruhepause zu gelten?

1 30 Minuten
2 10 Minuten
3 45 Minuten ▶ ☐
4 5 Minuten
5 15 Minuten

1 Punkt

Aufgabe 5

Für wen gilt **kein** besonderer Kündigungsschutz?

1 Einen Auszubildenden in der Probezeit

2 Eine Auszubildende im dritten Lernjahr

3 Ein Betriebsratsmitglied ▶ ☐

4 Eine schwangere Angestellte

5 Eine Person mit Schwerbehindertenausweis

1 Punkt

Aufgabe 6

Welche Vorteile bringt das Einsetzen eines Betriebsrats für die Angestellten eines Betriebs? Der Betriebsrat …

1 legt die Arbeitsschutzbestimmungen fest.

2 legt die Höhe der Urlaubstage fest.

3 legt die Arbeitsbedingungen fest. ▶ ☐

4 vertritt die Interessen der Arbeitnehmer*innen gegenüber der Geschäftsleitung.

5 organisiert Feste und Betriebsausflüge.

1 Punkt

Aufgabe 7

Nicht jeder darf bei der Betriebsratswahl wählen. Welche Personengruppen dürfen **nicht** wählen?

1 Leiharbeiter*innen, die erst seit einem halben Jahr im Betrieb arbeiten

2 Auszubildende

3 Arbeitnehmer*innen unter 18 ▶ ☐

4 Die an Grippe erkrankte Frau Müller, weil sie am Wahltag krank ist

5 Angestellte mit befristetem Vertrag

1 Punkt

Aufgabe 8

Frau Bauer ist schwanger und nimmt auf eigenen Wunsch ihre Ausbildung innerhalb der Mutterschutzzeit wieder auf. Trotzdem möchte sie aus gesundheitlichen Gründen wieder in den Mutterschutz gehen. Ist dies möglich?

1 Nein, wenn sie aus eigenem Wunsch wieder angefangen hat zu arbeiten, ist der Mutterschutz hinfällig.

2 Sie hätte gar nicht anfangen dürfen zu arbeiten, da der Mutterschutz gilt.

3 Sie hat die Möglichkeit, ihre Zusage, innerhalb der Mutterschutzzeit zu arbeiten, jederzeit zu widerrufen.

4 Sie muss erst bei der Krankenkasse nachfragen, ob sie wieder Mutterschutzgeld bekommt.

5 Ja, aber nur, wenn sie selbst eine Vertretung für diese Zeit organisiert.

▶ ☐

1 Punkt

Aufgabe 9

Unter welchen Umständen darf eine werdende Mutter vor dem Mutterschutz **nicht** mehr im Betrieb beschäftigt werden?

1 Wenn sie nicht mehr arbeiten möchte.

2 Wenn sie durch ein ärztliches Zeugnis nachweisen kann, dass die Gesundheit des Kindes in Gefahr ist.

3 Wenn sie eine Erkältung hat.

4 Wenn es keine Arbeit mehr für sie gibt.

5 Wenn der Fahrtweg zur Arbeit zu beschwerlich ist.

▶ ☐

1 Punkt

Aufgabe 10

Löhne und Gehälter werden in Tarifverhandlungen ausgehandelt. Unter welchen Voraussetzungen kommt ein gültiger Tarifvertrag zustande?

1 Die Arbeitnehmerverbände und die Gewerkschaften einigen sich.

2 Der Staat legt den Lohn fest.

3 Ein von den Arbeitgeberverbänden und den Gewerkschaften bestellter Schlichter setzt einen Lohn fest.

4 Wenn der Tarifabschluss von der Ärztekammer genehmigt worden ist.

5 Die Arbeitgeberverbände und die Gewerkschaften einigen sich.

▶ ☐

1 Punkt

Aufgabe 11

In den Tarifverhandlungen kann es vorkommen, dass sich die Tarifpartner nicht sofort auf einen neuen Tarif einigen. Wie kann trotzdem ein Kompromiss gefunden werden?

1 Wenn es keine Einigung gibt, legen die Gewerkschaften den Lohn fest.

2 Die Arbeitgeber legen den Lohn fest.

3 Der Staat verhandelt mit den Tarifparteien. ▶ ☐

4 Es wird ein Schlichter berufen, der zwischen beiden Tarifparteien einen Kompromiss aushandelt.

5 Das Bundesverfassungsgericht legt den Lohn fest.

1 Punkt

Aufgabe 12

Welche der folgenden Positionen kann bei der Einkommensteuererklärung gegenüber dem Finanzamt nicht als Werbungskosten bei Einkünften aus nichtselbstständiger Arbeit geltend gemacht werden?

1 Beiträge zu einer Gewerkschaft

2 Beiträge zur Sozialversicherung

3 Aufwendungen für Arbeitskleidung im ausgeübten Beruf ▶ ☐

4 Aufwendungen für die Jobsuche (Kosten für Bewerbungen etc.)

5 Aufwendungen für direkte Fahrten zwischen Wohnung und Arbeitsstätte

1 Punkt

Aufgabe 13

Kinderlose Arbeitnehmer*innen müssen mit Vollendung des 23. Lebensjahres in einem bestimmten Zweig der Sozialversicherung einen Zusatzbeitrag zahlen.

Für welchen Zweig trifft dies zu?

1 Betriebliche Unfallversicherung

2 Rentenversicherung

3 Krankenversicherung ▶ ☐

4 Arbeitslosenversicherung

5 Pflegeversicherung

2 Punkte

Aufgabe 14

Ordnen Sie zu, indem Sie die Kennbuchstaben von zwei der insgesamt fünf Leistungen in die Kästchen bei den entsprechenden Versicherungen eintragen.

Leistungen:

1 Kurzarbeitergeld
2 Kosten für die stationäre Pflege
3 Mutterschaftsgeld
4 Verletztengeld
5 Waisenrente

Versicherungen:

gesetzliche Arbeitslosenversicherung ▶ ☐
gesetzliche Pflegeversicherung ▶ ☐

1 Punkt

Aufgabe 15

An wen muss Frau Dr. Sonnenschein die Sozialversicherungsbeiträge ihrer Mitarbeiterin Frau Wiese (MFA) abführen?

1 Bundesagentur für Arbeit
2 Krankenkasse von Frau Wiese
3 Landesärztekammer
4 Finanzamt
5 Berufsgenossenschaft

▶ ☐

3 Punkte

Aufgabe 16

Bei welchem Gericht müsste Herr Dr. Chen (Hausarzt mit eigener Praxis) in den folgenden Situationen klagen? Ordnen Sie richtig zu, indem Sie die Ziffer des zuständigen Gerichts in das Kästchen hinter die Situation notieren.

Gericht:

1 Sozialgericht
2 Finanzgericht
3 Strafgericht
4 Amtsgericht
5 Arbeitsgericht
6 Verwaltungsgericht

Situation:

Weigerung einer Privatpatientin, eine Liquidation über 620,65 € zu begleichen ▶ ☐

Weigerung der Krankenkasse von Herrn Dr. Chen, die Kosten für seinen Skiunfall zu übernehmen ▶ ☐

Diebstahl in der Hausarztpraxis von Herrn Dr. Chen ▶ ☐

2 Punkte

Aufgabe 17

Allgemein kann man Existenzbedürfnisse von Kultur- und Luxusbedürfnissen unterscheiden. Welche der hier aufgeführten zählen zu den Existenzbedürfnissen?

1 Kinobesuch

2 Fernreise

3 Wohnung

4 Nahrung

5 Zoobesuch

▶ ☐

▶ ☐

1 Punkt

Aufgabe 18

Mit welcher der folgenden Maßnahmen kann der Staat versuchen, die Konjunktur zu beleben?

1 Steuererhöhungen

2 Absenkung des Rentenalters

3 Senkung der Zinsen

4 Erhöhung staatlicher Bauaufträge

5 Kürzung des Kindergeldes

▶ ☐

1 Punkt

Aufgabe 19

Welcher Sachverhalt ist typisch für die in Deutschland vorherrschende soziale Marktwirtschaft, **nicht** jedoch für die freie Marktwirtschaft?

1 Die Produktionspläne der Unternehmen werden nur durch die Unternehmen selbst in deren Verantwortung erstellt.

2 Die Haushalte erstellen individuelle Verbrauchspläne, angepasst an ihre jeweiligen Bedürfnisse und Einkommenssituationen.

3 Der Staat greift lediglich korrigierend durch Wettbewerbs- und Konjunkturpolitik in das Marktgeschehen ein. Durch Sozialpolitik wird außerdem versucht, die Einkommensverteilung in einer Volkswirtschaft zu verbessern.

4 Der Markt sorgt über den Gleichgewichtspreis für einen Ausgleich zwischen Angebot und Nachfrage.

5 Die volkswirtschaftliche Produktion wird durch staatliche Behörden geplant und anschließend umgesetzt.

▶ ☐

1 Punkt

Aufgabe 20

Das Modell des Konjunkturzyklus besteht aus vier Phasen. Stellen Sie fest, welcher Sachverhalt im Modell auf die Phase des Aufschwungs (Erholung) zutrifft.

1 Die Produktionskapazitäten der Unternehmen sind stark ausgelastet.

2 Es kommt zu einem starken Anstieg der Arbeitslosenzahlen.

3 Die Löhne steigen moderat. ▶ ☐

4 Die Unternehmen können die offenen Stellen nicht mehr besetzen, da es auf dem Arbeitslosenmarkt keine Arbeitskräfte mehr gibt.

5 Die Gewinne der Unternehmen fallen.

1 Punkt

Aufgabe 21

Welche Maßnahme der Europäischen Zentralbank (EZB) soll eine Verringerung der Geldmenge im Euroraum herbeiführen?

1 Die EZB kauft Wertpapiere von Kreditinstituten an.

2 Die EZB senkt den Zinssatz für Termineinlagen.

3 Die EZB senkt den Mindestreservesatz. ▶ ☐

4 Die EZB bietet den Kreditinstituten an, kurzfristig Einlagen zu einem attraktiven Zinssatz anzulegen.

5 Die EZB senkt den Leitzins.

1 Punkt

Aufgabe 22

Welche Aussage über die EZB ist **falsch**?

1 Die EZB hat ihren Sitz in Berlin.

2 Das oberste Ziel der Geldpolitik der EZB ist die Stabilität des Preisniveaus.

3 Eine Aufgabe der EZB ist die Ausgabe der Euro-Noten. ▶ ☐

4 Die EZB legt die Leitzinssätze fest.

5 Eine Aufgabe der EZB ist die Verwaltung von Währungsreserven.

1 Punkt

Aufgabe 23

Stellen Sie fest, welcher Sachverhalt direkt zu einer Absenkung des Bruttoinlandsprodukts in Deutschland führt, vorausgesetzt alle anderen Einflussfaktoren bleiben unverändert.

1 Die Zahl der Arbeitslosen ist im Vergleich zum Vormonat stark gesunken.

2 Die privaten Haushalte beschäftigen mehr Handwerker*innen als im Vorjahr.

3 Die Zahl der Urlauber*innen, die ihren Urlaub in Deutschland verbringen, ist im Vergleich zu den Vorjahren stark gestiegen.

4 Durch die Konkurrenz aus Asien werden in Deutschland wesentlich weniger Solaranlagen hergestellt als im Vorjahr.

5 Die Arbeitsproduktivität der arbeitslosen Hausfrauen und Hausmänner ist gestiegen.

▶ ☐

1 Punkt

Aufgabe 24

Nach welchem Wahlsystem erfolgt die Wahl zum Deutschen Bundestag?

1 personalisierte Verhältniswahl

2 relative Mehrheitswahl

3 absolute Mehrheitswahl

4 direkte Wahl

5 reine Verhältniswahl

▶ ☐

1 Punkt

Aufgabe 25

Wer kann in der Bundesrepublik Deutschland die sogenannte Vertrauensfrage stellen?

1 Bundeskanzler*in

2 jede bzw. jeder Abgeordnete im Bundestag

3 Bundespräsident*in

4 Verteidigungsminister*in

5 Außenminister*in

▶ ☐

1 Punkt

Aufgabe 26

Wer kann in der Bundesrepublik Deutschland eine Partei verbieten lassen?

1 Bundeskanzler*in

2 Bundesverfassungsgericht

3 Polizei

4 Bundespräsident*in

5 Bundesregierung

▶ ☐

Lösungen

Teil 1: Behandlungsassistenz

Aufgabe 1

____ von 1 P. a) Angina pectoris

____ von 3 P. b) *Hinweis: Alle Vorgänge, die zu einer Ischämie (= Minderdurchblutung, und damit verminderte Sauerstoffversorgung) des Herzens führen, können einen Angina pectoris-Anfall bei bestehender KHK auslösen. Es können verschiedene Faktoren genannt werden, wie z. B. psychische Belastung/ Stress oder Kälte, die zu einer Vasokonstriktion (Gefäßverengung) führen können. Üppige Mahlzeiten führen zu einer Umverteilung des Blutes in den Verdauungstrakt, sodass dem Herz ebenfalls zu wenig Blut zur Verfügung stehen kann.*

psychische Belastung, Kälte, üppige Mahlzeiten

____ von 1 P. c) *Hinweis: Die erste Aussage kann man ausschließen, weil am rechten Bein die schwarze Extremitätenableitung befestigt wird. Beachten Sie, dass das „herkömmliche“ Ruhe-EKG nicht aus 10 Ableitungen besteht, auch wenn 10 Elektroden bzw. Kabel am Patienten bzw. an der Patientin befestigt werden. Die Anzahl der Kabel entspricht also nicht der Anzahl der Ableitungen. Das Standard-EKG besteht aus 12 Ableitungen (3 Extremitätenableitungen nach Einthoven + 3 Extremitätenableitungen nach Goldberger + 6 Brustwandableitungen = 12 Ableitungen). Die vierte Aussage stimmt nicht, weil die T-Welle der Erregungsrückbildung aus den Kammern entspricht. Ein frischer Herzinfarkt kann an der ST-Hebung (nicht an der PQ-Hebung) erkannt werden.*

3 Der QRS-Komplex zeigt die Erregungsausbreitung in den Kammern.

____ von 5 P. d) *Hinweis: Die P-Welle entspricht der Vorhoferregung. Die T-Welle stellt die Erregungsrückbildung aus den Kammern dar.*

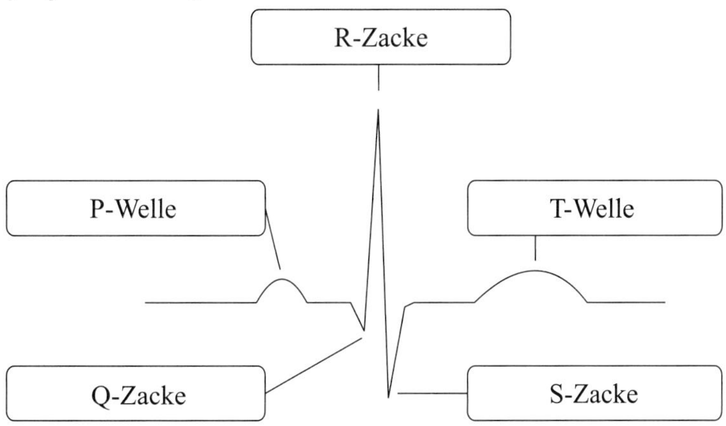

____ von 1 P. e) *Hinweis: Die Herzkranzgefäße werden mit Fachbegriff auch Koronarien oder auch Koronararterien genannt.*

Herzkranzgefäße bzw. mögliche Verengungen/Verschlüsse

___ von 4 P. f) *Hinweis: Hier sind z. T. verschiedene Bezeichnungen richtig.*

1: AV-Knoten oder Atrioventrikularknoten

2: rechter Vorhof *(Atrium dexter)*

3: Herzscheidewand *(Septum)*

4: Pulmonalarterie oder Lungenarterie *(Arteria pulmonalis)*

Aufgabe 2

___ von 3 P. a) Kniearthrose: Gonarthrose
Hüftarthrose: Coxarthrose
Schulterarthrose: Omarthrose

___ von 1 P. b) Verschleiß

___ von 6 P. c) *Hinweis: Auch andere Beispiele sind möglich. Als Varianten des Drehgelenks können auch Radgelenk (Beispiel: Distales Radioulnargelenk) und Zapfengelenk (Beispiel: Proximales Radioulnargelenk) aufgeführt werden.*

a Kugelgelenk: ein Beispiel ist das Schultergelenk

b Drehgelenk: ein Beispiel ist das Radioulnargelenk

c Scharniergelenk: ein Beispiel ist das Fingermittelgelenk

___ von 1 P. d) *Hinweis: Der Gelenkknorpel ist ein sogenannter hyaliner Knorpel. Beispiele für Faserknorpel sind die Mensiken.*

[4] a – b – d

___ von 1 P. e) Totalendoprothese

___ von 4 P. f) *Hinweis: Beachten Sie hier, dass Sie die Fachbegriffe nennen müssen.*

1: Femur

2: Patella

3: Tibia

4: Fibula

Aufgabe 3

___ von 1 P. a) Prostataspezifisches Antigen

___ von 1 P. b) *Hinweis: Das Muster 10 wird für Aufträge an ein Fremd- bzw. Speziallabor verwendet. Werden Laborwerte in Laborgemeinschaften bestimmt, nehmen Sie hingegen das Muster 10A.*
Muster 10

___ von 1 P. c) *Hinweis: Grundsätzlich gibt es bei der venösen Blutentnahme viele Fehlerquellen, die sich auf das Laborergebnis auswirken können. Folgende Aspekte zur Durchführung sollten beachtet werden:*

- *Der Stauschlauch ist spätestens nach einer Minute zu lösen, da sonst z. B. erhöhte Kalium- oder Gamma-GT-Werte auftreten können.*
- *Sobald Blut in das erste Röhrchen fließt, soll der Stauschlauch gelöst werden.*

- *Anspannung der Muskulatur (z. B. durch „Pumpen") ist nicht sinnvoll, da dies z. B. zu erhöhten Kalium-/Magnesiumwerten führen kann.*
- *Die Desinfektion sollte durch einmaliges Wischen mit einem gebrauchsfertigen Desinfektionsmitteltupfer oder durch Sprühdesinfektion erfolgen.*
- *Während der Blutentnahme sind Einmalhandschuhe zu tragen.*
- *Bei Aspirationssystemen sollte der Kolben langsam zurückgezogen werden.*
- *Röhrchen mit Zusätzen sind unmittelbar nach Befüllung zu schwenken, da ohne ausreichende Durchmischung kleine Gerinnsel entstehen können. Schütteln hingegen kann zu Hämolyse führen und sollte daher vermieden werden.*

[3] Der Stauschlauch ist zu lösen, sobald Blut fließt.

____ von 3 P. d) *Hinweis: Prostata wird auch als Vorsteherdrüse, Urethra als Harnröhre und Rektum als Mastdarm oder Enddarm bezeichnet.*

Prostata [8]

Urethra [4]

Rektum [9]

____ von 1 P. e) *Hinweis: Beachten Sie, dass der Begriff Sperma nicht mit Spermien gleichzusetzen ist. Spermien sind die Samenzellen, Sperma die Samenflüssigkeit inklusive der darin „schwimmenden" Spermien.*

[5] Die Prostata produziert einen Teil der Samenflüssigkeit.

____ von 1 P. f) Prostatavergrößerung

____ von 1 P. g) *Hinweis: Synonyme für invasives Wachstum: infiltrierendes/zerstörendes Wachstum.*

[2] b – c – d

____ von 1 P. h) Bei einer Biopsie wird Gewebe aus dem Körper entnommen und untersucht.

____ von 4 P. i) *Hinweis: Ergeben sich bei einer Früherkennungsuntersuchung keine Auffälligkeiten, so darf die Versichertenpauschale 03000 nicht berechnet werden. Da der Patient im Fallbeispiel aber Symptome äußert, die diagnostisch/therapeutisch weiterverfolgt werden, ist die GOP 03000 anzugeben. Es handelt sich nicht mehr nur um eine präventive Leistung (Früherkennungsuntersuchung).*
Da die Sonografie der Prostata über das Rektum erfolgt, darf mit der GOP 33090 ein Zuschlag berechnet werden, da es sich um eine transkavitäre (= durch eine Körperhöhle) durchgeführte Untersuchung handelt.

03000, 01731, 33043, 33090

Aufgabe 4

____ von 2 P. a) *Hinweis: Die Blutung kann durch Druck auf das umliegende Gewebe gefördert werden. Zur Vorgehensweise der 10-minütigen Desinfektion gibt es unterschiedliche Angaben. In jedem Falle muss das Desinfektionsmittel viruzid sein. Möglich sind z. B. intensive Desinfektionmittelspülungen/-bäder oder Desinfektionsmittelspülung und anschließend Anbringen eines Tupfers/einer Kompresse, der bzw. die 10 Minuten lang mit Desinfektionsmittel feucht gehalten wird.*

Blutung fördern (ca. 1 Minute), intensive Desinfektion (mindestens 10 Minuten)

___ von 1 P. b) Durchgangsarzt (D-Arzt)

___ von 1 P. c) [4] Berufsgenossenschaft für Gesundheitsdienst und Wohlfahrtspflege

___ von 1 P. d) *Hinweis: Ein Indexpatient bzw. eine Indexpatientin ist die Person, von der eine mögliche Infektion ursprünglich ausgehen kann.*

[5] b – d

___ von 1 P. e) perkutan

___ von 1 P. f) *Hinweis: Darunter versteht man die Verabreichung von Medikamenten, um die Ansteckung mit bestimmten Erregern noch zu verhindern, obwohl man ihnen „ausgesetzt" (exponiert) war. Die PEP sollte innerhalb 2 Stunden nach der potenziellen Infektion erfolgen.*

Postexpositionsprophylaxe

___ von 5 P. g)

Hämatokrit	[4]
Hämoglobin	[5]
Erythrozyten	[1]
Thrombozyten	[3]
Leukozyten	[2]

___ von 1 P. h) *Hinweis: Der Organismus braucht einige Wochen, um Antikörper gegen die Viren zu bilden, und diese sind daher nicht unmittelbar nach der Infektion nachweisbar.*

[3] HIV-Antikörper kann man bereits unmittelbar nach einer Infektion nachweisen.

Aufgabe 5

___ von 1 P. a) Kolik

___ von 1 P. b) *Hinweis: Ein Myokardinfarkt äußert sich v. a. bei Frauen nicht immer mit den „typischen" Symptomen. Nicht selten sind Oberbauchschmerzen und Erbrechen die einzigen Symptome. Daher muss differenzialdiagnostisch immer auch ein Herzinfarkt in Betracht gezogen werden.*

[3] Ein Myokardinfarkt kann bei Frau Binder nicht die Ursache der Beschwerden sein.

___ von 1 P. c) Cholelithiasis

___ von 1 P. d) Ikterus

___ von 3 P. e) *Hinweis: Vesica fellea (auch Vesica biliaris genannt) ist der Fachbegriff für Gallenblase, Pankreas für Bauchspeicheldrüse und Hepar für Leber.*

Vesica fellea	[4]
Pankreas	[7]
Hepar	[5]

___ von 3 P. f) *Hinweis: Hierbei handelt es sich um eine Faustregel, die als Gedankenstütze gelten kann. Natürlich gibt es auch noch weitere Risikofaktoren (wie Leberzirrhose und Diabetes mellitus).*

- fertile (Zustand nach, z. T. auch während Schwangerschaft, mehrere Kinder, fruchtbar)
- familiy (familiäre Disposition)
- fair (blonde Haare, heller Hauttyp)

___ von 1 P. g) C-reaktives Protein

___ von 2 P. h) Leukozyten, Blutkörperchensenkungsgeschwindigkeit (BKS, BSG)

___ von 1 P. i) [4] Vor einer Sonografie des Abdomens sollten die Patienten und Patientinnen möglichst keine blähenden Speisen zu sich nehmen.

___ von 1 P. j) krampflösende Mittel

___ von 4 P. k) *Hinweis: Die Konsultation der Ärztin erfolgt nach der eigentlichen Sprechstunde, ohne Terminvereinbarung o. Ä. Eine „Unvorhergesehene Inanspruchnahme" zwischen 19.00–22.00 Uhr kann an normalen Werktagen mit der GOP 01100 berechnet werden. Beachten Sie aber, wenn die Inanspruchnahme zwar nach der Sprechstunde (auch unvorhergesehen) erfolgt, aber vor 19.00 Uhr, so ist die GOP 01100 nicht berechnungsfähig. Bei nur einer Inanspruchnahme im Behandlungsfall unvorhergesehen in Verbindung mit der GOP 01100, 01101, 01411, 01412 oder 01415 wird anstelle der 03000 die 03030 berechnet (Versichertenpauschale bei unvorhergesehener Inanspruchnahme).*

03030, 01100, 33042, 32128

Aufgabe 6

___ von 1 P. a) Geschwür

___ von 1 P. b) Hypertonie

___ von 1 P. c) periphere arterielle Verschlusskrankheit

___ von 6 P. d)

Die Hochlagerung der Beine verschlimmert die Symptomatik.	2
Die betroffene Extremität ist kalt und blass.	2
Es kommt häufig zu Ödemen.	1
Das Blut versackt, es kommt zu einem Rückstau.	1
Vermehrte Ablagerungen in den Blutgefäßen gelten als Risikofaktor.	2
Die Haut ist oft bräunlich verfärbt.	1

___ von 1 P. e) *Hinweis: Der Fachbegriff für Krampfadern heißt „Varizen". Als Varizellen bezeichnet man Windpocken.*

[2] Der Fachbegriff für Krampfadern lautet Varizellen.

___ von 1 P. f) 140/90 mmHg

___ von 1 P. g) Millimeter Quecksilbersäule

___ von 1 P. h) [4] Eine hygienische Händedesinfektion sollte nach Entfernung des alten Verbands und nach Anlegen des neuen Verbands erfolgen.

___ von 1 P. i) abgestorbenes Gewebe

___ von 1 P. j) [2] Der Hydrokolloidverband muss täglich gewechselt werden.

___ von 1 P. k) verbesserter Rückfluss des Blutes zum Herzen

___ von 7 P. l) *Hinweis: Da der Patient mit mindestens einer lebensverändernden chronischen Erkrankung in Dauerbehandlung ist, kann beim ersten Arzt-Patienten-Kontakt die „Chronikerziffer I" 03220 berechnet werden. Beim zweiten Arzt-Patienten-Kontakt ist dann die „Chronikerziffer II" 03221 berechnungsfähig. Die GOP 02312 darf pro Bein und pro Sitzung berechnet werden, in diesem Fall also zweimal (linker und rechter Unterschenkel). Es müssen jedoch alle obligaten Leistungsinhalte erfüllt werden, dazu zählt auch die Fotodokumentation.*
Obligate Leistungen: „Muss"-Leistungen (müssen durchgeführt werden, um die GOP abrechnen zu dürfen).
Fakultative Leistungen: „Kann"-Leistungen, die in der GOP enthalten (nicht extra berechnungsfähig) sind.

Tag 1: 03000, 03220
Tag 2: 03221, 02312, 02312, 03324, 03230

So viele Punkte habe ich erreicht: ________

So lange habe ich gebraucht: ________

Teil 2: Betriebsorganisation und -verwaltung

Aufgabe 1

___ von 2 P. a) *Hinweis: Beachten Sie, dass bei Minderjährigen zusätzlich die Unterschrift einer bzw. eines Erziehungsberechtigten nötig ist.*

Auszubildende bzw. Auszubildender und Ausbildende bzw. Ausbildender

___ von 2 P. b) Nein, eine Probezeit von fünf Monaten (wie hier vorgeschlagen) ist nicht möglich, da die Probezeit laut BBiG minimal einen Monat und maximal vier Monate betragen darf.

___ von 2 P. c) *Hinweis: Hier ist jeweils nur ein Argument gefordert. Sie finden im Folgenden mehr Beispiele. Andere Argumente wären auch denkbar.*

Der Auszubildende Frank kann in dieser Zeit das Berufsbild mit den eigenen Interessen und Vorstellungen abgleichen. Er kann testen, ob er sich für den richtigen Fachbereich entschieden hat und ob ihm die Zusammenarbeit mit dem Praxisteam Spaß macht.
Die Ausbildenden können die Eignung des Auszubildenden für den Ausbildungsberuf prüfen. Zudem können sie feststellen, ob die Zusammenarbeit mit dem Praxisteam funktioniert.

___ von 1 P. d) *Hinweis: Man geht hier von einer dreijährigen Ausbildung aus.*

31.08.2023

___ von 1 P. e) *Hinweis: Beachten Sie, dass Frank minderjährig ist. Bei Volljährigkeit müsste das Bundesurlaubsgesetz (BUrlG) genannt werden.*

Jugendarbeitsschutzgesetz (JArbSchG)

___ von 3 P. f) *Hinweis: Zur Lösung der Aufgabe sollten Sie folgende Überlegungen vornehmen.*

1. Berechnung des Alters am 01.01.2020: geb. am 19.04.2004, also **15 Jahre** alt.
2. 15-Jährige haben einen Urlaubsanspruch von 30 Werktagen (JArbSchG).
3. Werktage in Arbeitstage umrechnen für das gesamte Jahr 2020:
$$\frac{30 \text{ Werktage pro Jahr} \cdot 5 \text{ Arbeitstage pro Woche}}{6 \text{ Werktage pro Woche}} = 25 \text{ Arbeitstage}$$
4. Arbeitstage Urlaub vom 01.09. bis 31.12.2020:
$$\frac{25 \text{ Arbeitstage pro Jahr} \cdot 4 \text{ Monate (Sept. bis Dez.)}}{12 \text{ Monate pro Jahr}} = 8{,}33 \text{ Arbeitstage in 2020}$$

___ von 2 P. g) *Hinweis: Pro richtige Nennung erhalten Sie 0,5 Punkte. Weitere Alternativen, wie Probezeit oder Vergütung, sind auch richtig.*

- Ausbildungsberuf (mit Angaben zur inhaltlichen und zeitlichen Gliederung der Ausbildung)
- Beginn und Dauer
- Dauer der täglichen Arbeitszeit
- Bedingungen der Kündigung

___ von 1 P. h) **4** Frank bekommt mehr Urlaubstage als nach der gesetzlichen Regelung vorgesehen.

Aufgabe 2

___ von 1 P. a) Der Behandlungsvertrag kommt durch Abgabe und Einlesen der Versicherungskarte zustande.

___ von 1 P. b) *Hinweis: Konkret erfolgt die erste Willenserklärung durch eine Handlung, hier die Abgabe. Die zweite Willenserklärung stellt das Einlesen dar.*
Konkludentes Handeln

___ von 2 P. c)
- schriftlich
- mündlich

___ von 2 P. d)
- durch telefonische (mündliche) Terminvereinbarung
- durch Aufnahme der Behandlung

___ von 1 P. e) *Hinweis: Im Gegensatz zum Werkvertrag wird kein Erfolg garantiert werden. Nur der „Dienst" (die Behandlung) ist vereinbart.*
Dienstvertrag

___ von 2 P. f)
- Honorarpflicht
- Mitwirkungspflicht

Aufgabe 3

___ von 3 P. a) *Hinweis: Wenden Sie den Dreisatz mit geradem Verhältnis an.*

Berechnung ml Tropfen:
8 Tage = 25 ml
40 Tage = x ml

$$x = \frac{40\ \text{Tage} \cdot 25\ \text{ml}}{8\ \text{Tage}} = 125\ \text{ml}$$

Berechnung Anzahl Flaschen:
125 ml : 25 ml = 5 Flaschen

___ von 5 P. b) *Hinweis: Die 3,5 Teile erhält man, indem die Differenz von 0 und 3,5 gebildet wird. Die 31,5 Teile kann man berechnen, indem 3,5 von 35 subtrahiert wird.*

K(onzentrat)	35 % ↘		↗ 3,5 Teile	(: 3,5)	1 Teil	
M(ischung)		3,5 %			10 Teile	K : W = 1 : 9
W(asser)	0 % ↗		↘ 31,5 Teile	(: 3,5)	9 Teile	

Hinweis: Wenden Sie bei der folgenden Berechnung den Dreisatz mit geradem Verhältnis an. Beachten Sie die Umrechnung 1 cm^3 = 1 ml.

10 Teile = 2 Liter = 2.000 ml
1 Teil = 2.000 ml : 10 = 200 ml
9 Teile = 200 ml · 9 = 1.800 ml

Antwort: Für die Mischung werden 1.800 cm^3 (ml) Wasser benötigt.

Aufgabe 4

____ von 3 P.

a) • geringe Lagerkosten (Miete, Strom)
- wenig gebundenes (totes) Kapital
- weniger Verfall (Ablaufdatum)

____ von 5 P.

b) • Meldebestand: 80 Stück

Hinweis: Der Meldebestand ist der Wert, bei dessen Erreichen bestellt werden muss, damit der Mindestbestand nicht angegriffen werden muss.

- Bestellmenge: 150 Stück

Hinweis: Sie berechnet man, indem der Mindestbestand vom Höchstbestand subtrahiert wird.

- Lieferzeit: 2 Tage

Hinweis: Es handelt sich um die Zeitspanne ab Bestellung bis zum Eintreffen der Lieferung.

- Verbrauch pro Tag: 25 Stück

Hinweis: Die Differenz von Meldebestand und Mindestbestand wird durch die Lieferzeit dividiert.

- Mindestbestand: 30 Stück

Hinweis: Dieser sollte nur in Ausnahmefällen, wie Lieferverzögerungen, angegriffen werden.

____ von 2 P.

c) *Hinweis: Für jeden Zahlenwert in der Rechnung erhalten Sie 0,5 Punkte.*

Meldebestand = Mindestbestand + (täglicher Verbrauch · Lieferzeit)
Meldebestand = 500 Stück + (120 Stück · 4 Tage)
= 980 Stück

____ von 1 P.

d) *Hinweis: Man geht davon aus, dass E-Mails mindestens einmal täglich empfangen und bearbeitet werden und dann die Rückantwort wieder per E-Mail erfolgt.*

Das Angebot ist 1 bis 2 Tage gültig, da es per E-Mail eingegangen ist.

____ von 6 P.

e)

	Kalkulationsschema		Betrag in Euro	
	Listeneinkaufspreis		79,90 €	(10 · 7,99 €)
–	Rabatt 10 %	–	7,99 €	(79,90 € · 10 : 100)
=	Zieleinkaufspreis netto		71,91 €	
+	Mehrwertsteuer 19 %	+	13,66 €	(71,91 € · 19 : 100)
=	Zieleinkaufspreis brutto		85,57 €	
–	Skonto 2 %	–	1,71 €	(85,57 € · 2 : 100)
=	Bareinkaufspreis		83,86 €	
+	Bezugskosten	+	8,50 €	
=	Bezugspreis / Einstandspreis		92,36 €	

____ von 1 P.

f) Freizeichnungsklausel

____ von 1 P.

g) Der Preis im Angebot ist unverbindlich und somit ist der Verkäufer bzw. die Verkäuferin nicht an den angegebenen Preis gebunden.

____ von 1 P. h) 3 Eine Firma für Praxisbedarf schreibt Herrn Dr. Weiser persönlich an und bietet ihm verschiedene medizinische Instrumente mit genauen Angaben als Sonderangebot an.

Aufgabe 5

____ von 1,5 P. a)
- Checklisten
- Flow-Charts (Flussdiagramme)
- Organigramm

____ von 4 P. b)
- Diskretionsabstand bei der Anmeldung
- möglichst leise telefonieren und keine persönlichen Daten nennen
- räumliche Trennung von Wartezimmer und Empfang
- Bildschirme nicht einsehbar stellen und Passwortschutz

____ von 4 P. c) *Hinweis: Plan = Planen, Do = Durchführen, Check = Überprüfung der Durchführung, Act = Anpassen des Prozesses. Es handelt sich um einen nicht endenden Prozess, der immer wieder angepasst wird.*

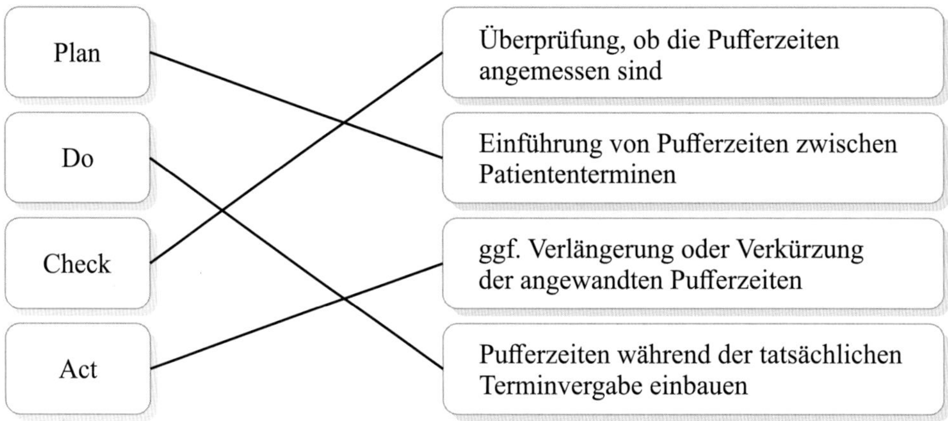

____ von 2 P. d) *Hinweis: Hier muss 2,5 % Skonto (bis zum 20. Juli) berücksichtigt werden.*

2,5 % Skonto = 2,5 % von 22.975 € = 574,38 €
22.975 € − 574,38 € = 22.400,62 €

____ von 1 P. e) *Hinweis: Zu diesem Zeitpunkt wird der volle Rechnungsbetrag fällig.*

22.975,00 €

____ von 4 P. f) *Hinweis: Beachten Sie, dass ab dem 6. September Verzug gegeben ist. Es wird mit 30 Tagen pro Zinsmonat gerechnet.*

Kapital K = 22.975,00 €
Prozentsatz p = 8 %
Tage t = 54 Tage (06.09. bis 31.10., das heißt September: 24 Tage, Oktober: 30 Tage)

$$Z = \frac{K \cdot p \cdot t}{100 \cdot 360} = \frac{22.975,00 \cdot 8 \cdot 54}{36.000} = 275,70\ €$$

Überweisungsgebühr = Rechnungsbetrag + Zinsen + Mahngebühren
= 22.975,00 € + 275,70 € + 15,00 €
= 23.265,70 €

Aufgabe 6

___ von 7,5 P.

Hinweis: Für die Versicherungen erhalten Sie je 1 Punkt und für das Schema ebenfalls 1 Punkt, wenn es komplett richtig ist (bei nur einem Fehler noch 0,5 Punkte).

	Bruttogehalt	1.970,19 €
+	Betriebliche Altersvorsorge	76,00 €
=	Gesamtbruttogehalt	2.046,19 €
	Lohnsteuer	167,50 €
	Solidaritätszuschlag	0,00 €
	Kirchensteuer	13,40 €
–	Krankenversicherung (14,6 % + 0,9 %) : 2	1.970,19 · 7,75 % = 152,69 €
–	Rentenversicherung 18,6 % : 2	1.970,19 · 9,30 % = 183,23 €
–	Pflegeversicherung (3,05 % : 2) + 0,35 %	1.970,19 · 1,875 % = 36,94 €
–	Arbeitsförderung 2,6 % : 2	1.970,19 · 1,30 % = 25,61 €
=	Nettogehalt	1.466,82 €
–	bAV	76,00 €
=	Auszahlungsbetrag	1.390,82 €

So viele Punkte habe ich erreicht: ________

So lange habe ich gebraucht: ________

Teil 3: Wirtschafts- und Sozialkunde

___ von 1 P.

Aufgabe 1

Hinweis: Die Friedenspflicht bezieht sich auf das Tarifvertragsrecht. Zu bestimmten Zeiten sind die Tarifparteien z. B. verpflichtet, nicht zu streiken.

[2] Friedenspflicht

___ von 1 P.

Aufgabe 2

[2] Berufsbildungsgesetz

___ von 1 P.

Aufgabe 3

Hinweis: Antwort 1 ist nicht korrekt, da die Ruhepausen bei einer Arbeitszeit von mehr als sechs Stunden mindestens 60 Minuten betragen müssen. Antwort 2 ist falsch, weil die Ruhepausen bei einer Arbeitszeit von viereinhalb bis sechs Stunden mindestens 30 Minuten umfassen müssen. Antwort 3 ist falsch, da Jugendliche nicht länger als viereinhalb Stunden hintereinander ohne Ruhepausen arbeiten dürfen. Antwort 5 stimmt nicht, weil die Ruhepausen frühestens eine Stunde nach Arbeitsbeginn erfolgen müssen.

[4] Sie arbeitet von 8 bis 13.30 Uhr mit einer Ruhepause von 11.30 bis 12 Uhr.

___ von 1 P.

Aufgabe 4

[5] 15 Minuten

___ von 1 P.

Aufgabe 5

[1] Einen Auszubildenden in der Probezeit

___ von 1 P.

Aufgabe 6

[4] vertritt die Interessen der Arbeitnehmer*innen gegenüber der Geschäftsleitung.

___ von 1 P.

Aufgabe 7

[3] Arbeitnehmer*innen unter 18

___ von 1 P.

Aufgabe 8

[3] Sie hat die Möglichkeit, ihre Zusage, innerhalb der Mutterschutzzeit zu arbeiten, jederzeit zu widerrufen.

___ von 1 P.

Aufgabe 9

[2] Wenn sie durch ein ärztliches Zeugnis nachweisen kann, dass die Gesundheit des Kindes in Gefahr ist.

____ von 1 P.

Aufgabe 10

Hinweis: Auf Grundlage von Art. 9 Abs. 3 Grundgesetz gilt die Tarifautonomie, d. h. das Recht von Arbeitgeberverbänden und Gewerkschaften, frei von staatlichen Eingriffen Tarifverträge abzuschließen.

5 Die Arbeitgeberverbände und die Gewerkschaften einigen sich.

____ von 1 P.

Aufgabe 11

4 Es wird ein Schlichter berufen, der zwischen beiden Tarifparteien einen Kompromiss aushandelt.

____ von 1 P.

Aufgabe 12

Hinweis: Werbungskosten sind Ausgaben für Aufwendungen zur Erwerbung, Sicherung und Erhaltung der Einnahmen (§ 9 I EStG). Demnach sind die Positionen 3–5 klar den Werbungskosten zuzuordnen. Auch die Position 1 (Gewerkschaftsbeiträge) ist als Werbungskosten anzusehen. Sozialversicherungsbeiträge hingegen fallen unter Sonderausgaben.

2 Beiträge zur Sozialversicherung

____ von 1 P.

Aufgabe 13

*Hinweis: Der Beitragssatz zur Pflegeversicherung für kinderlose Arbeitnehmer*innen ab Vollendung des 23. Lebensjahres erhöht sich um 0,35 % (Stand 01.01.2023).*

5 Pflegeversicherung

____ von 2 P.

Aufgabe 14

gesetzliche Arbeitslosenversicherung	1
gesetzliche Pflegeversicherung	2

____ von 1 P.

Aufgabe 15

2 Krankenkasse von Frau Wiese

____ von 3 P.

Aufgabe 16

Weigerung einer Privatpatientin, eine Liquidation über 620,65 € zu begleichen	4
Weigerung der Krankenkasse von Herrn Dr. Chen, die Kosten für seinen Skiunfall zu übernehmen	1
Diebstahl in der Hausarztpraxis von Herrn Dr. Chen	3

___ von 2 P.

Aufgabe 17

3 Wohnung

4 Nahrung

___ von 1 P.

Aufgabe 18

4 Erhöhung staatlicher Bauaufträge

___ von 1 P.

Aufgabe 19

Hinweis: Die Antworten 1, 2 und 4 können ebenfalls für die soziale Marktwirtschaft zutreffen. Diese Elemente freien Wirtschaftens finden sich sowohl in der freien als auch in der sozialen Marktwirtschaft wieder. Antwort 5 steht charakteristisch für die Planwirtschaft. Lediglich Antwort 3 steht nur für die soziale, nicht jedoch für die freie Marktwirtschaft.

3 Der Staat greift lediglich korrigierend durch Wettbewerbs- und Konjunkturpolitik in das Marktgeschehen ein. Durch Sozialpolitik wird außerdem versucht, die Einkommensverteilung in einer Volkswirtschaft zu verbessern.

___ von 1 P.

Aufgabe 20

Hinweis: Die Aussagen 2 und 5 kennzeichnen die Phase des Abschwungs bzw. der Depression. Die Aussagen 1 und 4 hingegen kennzeichnen die Phase des Booms (Hochkonjunktur).

3 Die Löhne steigen moderat.

___ von 1 P.

Aufgabe 21

Hinweis: Alle anderen Maßnahmen erhöhen die Geldmenge, da die EZB mit diesen Maßnahmen Geld in das System gibt. Lediglich durch einen Anreiz für Kreditinstitute, Geld bei der EZB anzulegen, nimmt sie Geld aus dem System heraus.

4 Die EZB bietet den Kreditinstituten an, kurzfristig Einlagen zu einem attraktiven Zinssatz anzulegen.

___ von 1 P.

Aufgabe 22

Hinweis: Die EZB hat ihren Sitz in Frankfurt.

1 Die EZB hat ihren Sitz in Berlin.

___ von 1 P.

Aufgabe 23

Hinweis: Die Aussagen 1–3 führen zu einer Steigerung des BIP, die Aussage 5 hingegen hat keinen Einfluss auf das BIP, da die Leistungen in der Hausarbeit nicht erfasst werden, da sie unentgeltlich erfolgen.

4 Durch die Konkurrenz aus Asien werden in Deutschland wesentlich weniger Solaranlagen hergestellt als im Vorjahr.

____ von 1 P.

Aufgabe 24

1 personalisierte Verhältniswahl

____ von 1 P.

Aufgabe 25

1 Bundeskanzler*in

____ von 1 P.

Aufgabe 26

2 Bundesverfassungsgericht

So viele Punkte habe ich erreicht: ________

So lange habe ich gebraucht: ________

Aufgaben im Stil der Abschlussprüfung

Prüfung III

100 Punkte
90 Minuten

Teil 1: Behandlungsassistenz

Aufgabe 1

Die 47-jährige Patientin Frau Müller (gesetzlich versichert) ruft während der Sprechstunde am Donnerstag um 15.00 Uhr in der Praxis an. Sie klagt über massive Rückenschmerzen. Die Schmerzen sind, als sie sich beim Wohnungsputz gebückt hat, plötzlich „eingeschossen". Die Schmerzen strahlen bis in den rechten Oberschenkel aus und sind so heftig, dass Frau Müller sich momentan nicht bewegen kann. Sie bittet daher um einen Hausbesuch. Frau Dr. Hader verlässt sofort die Sprechstunde und fährt zu Frau Müller (Wegstrecke 5 km). Sie geht von einem Hexenschuss oder einem Bandscheibenvorfall aus (1. Arzt-Patienten-Kontakt im Quartal).

1 Punkt

a) Nennen Sie den Fachbegriff für Hexenschuss.

____

1 Punkt

b) Wie lautet der Fachbegriff für Bandscheibenvorfall?

____

1 Punkt

c) Welche Aussage trifft zu?

1 Die Bandscheibe besteht außen aus einer gelartigen Masse und innen aus einem Faserknorpelring.

2 Menschen mit vorwiegend sitzender Tätigkeit zählen nicht zur Risikogruppe für einen Bandscheibenvorfall, weil die Wirbelsäule nur gering belastet wird.

3 Der Bandscheibenvorfall zählt zu den degenerativen Erkrankungen. ▶ ☐

4 Das Risiko für einen Bandscheibenvorfall besteht besonders im Bereich der Brustwirbelsäule.

5 Jeder Mensch hat 13 Bandscheiben.

5 Punkte d) Beschriften Sie die nachfolgende Abbildung mit den deutschen Bezeichnungen.

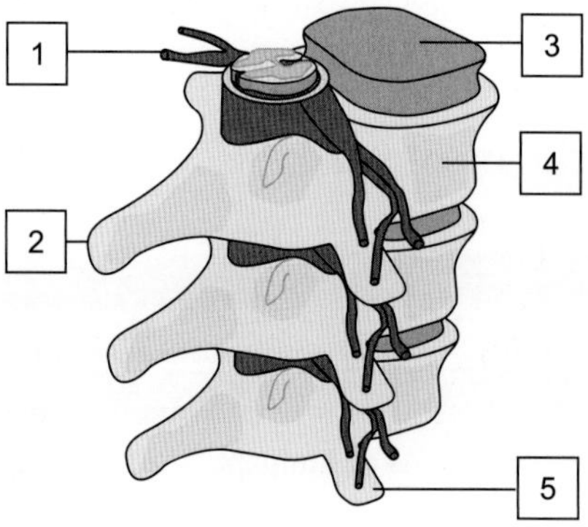

Alexandr Mitiuc/AdobeStock

1: ________________

2: ________________

3: ________________

4: ________________

5: ________________

Frau Dr. Hader untersucht die Patientin. Sie testet u. a. Reflexe und die Sensibilität. Außer der massiven Schmerzen weist Frau Müller keine weiteren pathologischen Befunde auf. Der Verdacht auf einen Bandscheibenvorfall bestätigt sich zunächst nicht. Aufgrund der starken Schmerzen verabreicht Frau Dr. Hader ein Schmerzmittel und hilft der Patientin in die Stufenlagerung. Nachdem es Frau Müller nach kurzer Zeit besser geht, kehrt Frau Dr. Hader in die Praxis zurück.

1 Punkt e) Was ist ein Reflex?

____

1 Punkt f) Nennen Sie den Fachbegriff für Schmerzmittel.

____

Zwei Wochen später (gleiches Quartal) kommt Frau Müller in Begleitung ihrer Tochter in die Praxis. Sie berichtet, dass die Schmerzmittel wirken. Sobald die Wirkung aber nachlässt, sind die Beschwerden genauso stark wie zuvor. Mittlerweile hält sie es einfach nicht mehr aus.
Bei der neurologischen Untersuchung kann Frau Dr. Hader einen Bandscheibenvorfall nicht mehr ausschließen. Deshalb überweist sie die Patientin zur MRT in die Radiologie.

1 Punkt g) Wofür steht die Abkürzung MRT?

____

Um entzündliche Ursachen für die Beschwerden abzuklären, führen Sie in der Praxis eine Urinteststreifenuntersuchung durch. Außerdem nehmen Sie venöses Blut ab. In der Laborgemeinschaft sollen ein kleines Blutbild, das CRP sowie die Leber- und Nierenwerte kontrolliert werden. Die BKS (Blutkörperchensenkungsgeschwindigkeit) bestimmen Sie im Praxislabor.

1 Punkt h) Welches Muster verwenden Sie für die Laboruntersuchungen in der Laborgemeinschaft?

____

1 Punkt i) Welche Aussage zur BKS ist **falsch**?

1 BKS und BSG sind Abkürzung für den identischen Laborwert.

2 Eine beschleunigte BKS gilt als Hinweis auf eine Entzündung.

3 Die BKS wird nach 3 Stunden abgelesen. ▶ ☐

4 Für die BKS wird sog. Citratblut verwendet.

5 Der Wert der BKS wird in Millimeter angegeben.

1 Punkt j) CRP und BKS gehören zu den Entzündungswerten. Nennen Sie einen weiteren Entzündungsparameter.

____

5 Punkte k) Rechnen Sie die erbrachten Leistungen des gesamten Falles ab.

Tag 1: ____________________________

Tag 2: ____________________________

Aufgabe 2

Herr Panti, 36 Jahre alt, kommt in die Praxis (1. Arzt-Patienten-Kontakt im Quartal, gesetzlich versichert). Er berichtet über heftige Bauchschmerzen. Diese habe er schon lange, aber nun kann er die Schmerzen nicht mehr aushalten. Kurz nach dem Essen werden die Beschwerden besonders schlimm. Deshalb isst der Patient seit einigen Tagen fast nichts mehr. Auch die Schmerzmittel, die er einnimmt, bringen keine wirkliche Besserung.
Bei der Anamnese stellt sich heraus, dass Herr Panti ca. eine Schachtel Zigaretten täglich raucht. Nach der Arbeit trinkt er gerne mal Bier oder Wein. Die Ernährungsgewohnheiten von Herrn Panti sind insgesamt eher als ungesund zu bezeichnen.
Herr Dr. Weiser führt einen Ultraschall des Abdomens durch. Außerdem nehmen Sie beim Patienten Blut ab. In der Laborgemeinschaft sollen die Leberwerte bestimmt werden. In der Praxis führen Sie eine Teststreifenuntersuchung des Urins durch.

1 Punkt a) Wie lautet der Fachbegriff für eine Ultraschalluntersuchung?

____

2 Punkte b) Welche Materialien bereiten Sie dafür vor?

____

____

Herr Dr. Weiser möchte ausschließen, dass eine Leber- oder Gallenerkrankung die Ursache für die Symptome ist.

1 Punkt c) Welche Parameter des Urinteststreifens wären dann wohl auffällig? Wählen Sie die passende Kombination.

Parameter:	Kombinationen:
a Glucose	1 a – b – c – d
b Bilirubin	2 b – d – e
c Erythrozyten	3 c – e
d Nitrit	4 b – e
e Urobilinogen	5 a – c – d

▶ ☐

2 Punkte d) Herr Dr. Weiser geht von einer Gastritis oder einem Ulcus ventriculi aus. Was versteht man darunter?

Gastritis: ____

Ulcus ventriculi: ____

1 Punkt e) Welche Aussagen sind richtig? Notieren Sie die richtige Kombination.

Aussagen:	Kombinationen:
a Im Magen wird Salzsäure produziert.	1 a – c – e
b Der pH-Wert im Magen ist relativ hoch.	2 b – d – e
c Schmerzmittel können die Magenschleimhaut schädigen.	3 c – d – e
d Zigaretten schädigen die Magenschleimhaut nicht.	4 a – b – d
e Eine Gastritis kann zu einem Magenkarzinom führen.	5 a – c – d – e

▶ ☐

6 Punkte

f) Ordnen Sie die Fachbegriffe zu, indem Sie die Kennziffern in die entsprechenden Kästchen eintragen.

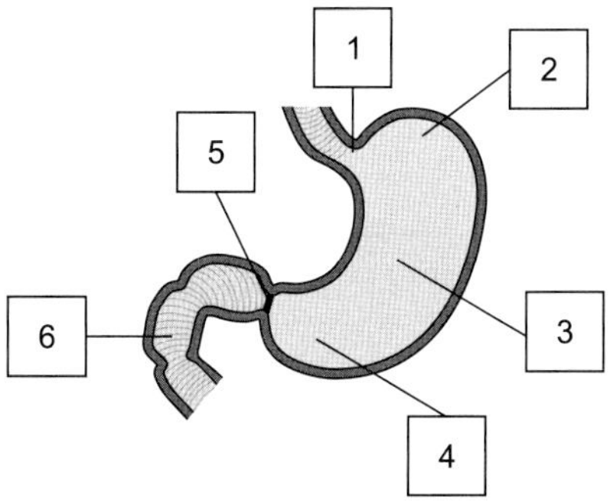

Duodenum ▶ ☐

Kardia ▶ ☐

Antrum ▶ ☐

Corpus ▶ ☐

Fundus ▶ ☐

Pylorus ▶ ☐

Herr Dr. Weiser überweist den Patienten zur Abklärung zum Gastroenterologen. Dort soll eine Ösophagogastroduodenoskopie (ÖGD) durchgeführt werden.

---

2 Punkte

g) Was versteht man unter einer ÖGD (Erklärung mit deutschen Bezeichnungen)?

____

____

Bei der ÖGD wird zusätzlich Gewebe entnommen und histologisch untersucht. Es stellt sich heraus, dass Herr Panti an einer bakteriellen Gastritis erkrankt ist.

---

1 Punkt

h) Welches Bakterium verursacht typischerweise eine Gastritis?

____

Zur Therapie einer bakteriellen Gastritis ist eine Eradikationstherapie nötig.

---

1 Punkt

i) Welche Medikamentengruppen werden für diese Therapie kombiniert? Notieren Sie die Ziffer der richtigen Kombination.

Medikamentengruppe:	Kombinationen:
a Antacida	1 c – d – e
b Antibiotika	2 a – d – e
c Analgetika	3 a – b – d
d Protonenpumpenhemmer	4 a – b – c – d
e Spasmolytika	5 b – d

▶ ☐

Infolge einer Gastritis kann es auch zu einem Vitamin-B12-Mangel kommen.

1 Punkt

j) Welche Aussage trifft zu? Notieren Sie die richtige Kombination.

Aussagen:		Kombinationen:	
a	Der Intrinsic Factor macht die Aufnahme von Vitamin B12 möglich.	1	a – b – c
b	Die Belegzellen bilden den Intrinsic Factor im Magen.	2	b – c
c	Die Resorption von Vitamin B12 erfolgt im Magen.	3	d – e
d	Der Intrinsic Factor wird im Ileum gebildet.	4	a – b – e
e	Die Resorption von Vitamin B12 erfolgt im terminalen Ileum.	5	a – d – e

▶ ☐

Am Tag nach der ÖGD kommt Herr Panti wieder in die Praxis, die Eradikationstherapie wird eingeleitet. Außerdem werden die auffälligen Leberwerte besprochen. Herr Dr. Weiser berät den Patienten über die Notwendigkeit, seine Lebensweise umzustellen. Die Beratung dauert 17 Minuten.

4 Punkte

k) Rechnen Sie die erbrachten Leistungen ab.

Tag 1: ____________________

Tag 2: ____________________

Aufgabe 3

Am Freitag, den 28. März, kommt Herr Dvorschak (gesetzlich versichert) in die Sprechstunde. Unterhalb des Nackens hat er eine stark gerötete, eitrige Beule. Zunächst hat der Patient das Ganze für einen harmlosen Pickel gehalten, der aber immer schlimmer wurde. Er wollte ihn gestern ausdrücken, aber die Schmerzen dabei waren so groß, dass er sich für den Arztbesuch entschieden hat. Herr Dr. Weiser inspiziert die Stelle und diagnostiziert einen Abszess.

5 Punkte

a) Ordnen Sie die Fachbegriffe den unterschiedlichen Entzündungsformen zu.

1	Abszess	Bakterielle Infektion eines Haarbalgs	▶ ☐
2	Empyem	Diffuse eitrige Entzündung im Gewebe	▶ ☐
3	Furunkel	Eiteransammlung in vorbestehender Körperhöhle	▶ ☐
4	Phlegmone	Eitrige Infektion mehrerer Haarfollikel nebeneinander	▶ ☐
5	Karbunkel	Eiteransammlung in nicht vorbestehender Körperhöhle	▶ ☐

Anhand des Abszesses bei Herrn Dvorschak lassen sich die klassischen Entzündungszeichen gut erkennen.

5 Punkte b) Nennen Sie die fünf klassischen Entzündungszeichen.

______

______

______

______

______

Herr Dr. Weiser erklärt dem Patienten, dass der Abszess durch eine kleine Operation chirurgisch eröffnet werden muss.

1 Punkt c) Welche Aussage zur Abszesseröffnung ist **falsch**?

1. Die chirurgische Abszesseröffnung ist die Therapie der Wahl.
2. Nach der operativen Abszesseröffnung wird die OP-Wunde wieder zugenäht.
3. Bei Weichteilabszessen sollte möglichst keine lokale Infiltrationsanästhesie erfolgen.
4. Häufig erfolgt zusätzlich zur Abszesseröffnung eine antibiotische Therapie.
5. Staphylokokken sind typische Erreger, die einen Abszess verursachen.

▶ ☐

1 Punkt d) Welches der genannten Instrumente eignet sich für eine Inzision des Abszesses?

1. Scharfer Löffel
2. Spitzes Skalpell
3. Chirurgische Schere spitz-stumpf
4. Anatomische Pinzette
5. Chirurgische Pinzette

▶ ☐

Sie legen bei Herrn Dvorschak einen sterilen Wundverband an. Herr Dr. Weiser erklärt ihm, dass er bis auf Weiteres täglich zum Verbandswechsel und zur Wundpflege in die Praxis kommen soll.
Wie vereinbart erscheint der Patient am folgenden Tag (29. März) um 11:00 Uhr in der Samstagssprechstunde. Ausnahmsweise bestellt Dr. Weiser Herrn Dvorschak auch für Sonntagvormittag zum Verbandswechsel ein. In der folgenden Woche übernimmt Herr Dr. Weiser den Verbandswechsel bis zum 1. April, danach erfolgt er alle zwei Tage und wird von den MFA ausgeführt.

3 Punkte

e) Nennen Sie drei Eigenschaften, die eine „ideale Wundauflage" erfüllen muss.

____

____

____

4 Punkte

f) Rechnen Sie die erbrachten Leistungen taggenau ab.

28.03: ____________________

29.03: ____________________

30.03: ____________________

01.04: ____________________

Aufgabe 4

Die langjährige Patientin Frau Baumann (58 Jahre alt) macht in einigen Wochen Aktivurlaub im Bayerischen Wald. Da sie gerne wandert und Sport treibt, möchte sie sich „durchchecken" lassen. Frau Dr. Hader führt daher eine Basisuntersuchung zur Sporttauglichkeit durch: Ganzkörperstatus, Urinteststreifen und Beratung.
Zusätzlich werden noch ein Belastungs-EKG durchgeführt und folgende Laborparameter bestimmt: kleines Blutbild und BSG.

1 Punkt

a) Welcher Parameter gehört **nicht** zum kleinen Blutbild?

1 Erythrozytenzahl

2 Leukozytenzahl

3 Thrombozytenzahl ▶ ☐

4 Hämoglobin

5 Monozytenzahl

Frau Baumann erhält auch noch eine Auffrischimpfung gegen FSME (Kassenleistung bei Frau Baumanns GKV).

1 Punkt b) Was bedeutet die Abkürzung FSME?

1 Punkt c) FSME wird durch Zeckenbisse übertragen. Zecken gehören zu den Parasiten. Was ist ein Parasit? Erklären Sie kurz.

2 Punkte d) Was sollte Frau Baumann beachten, um sich vor Zeckenbissen zu schützen?

8 Punkte e) Rechnen Sie die bisher erbrachten Leistungen ab.

Drei Wochen nach dem Urlaub (gleiches Quartal) kommt Frau Baumann erneut in die Sprechstunde.
Sie berichtet, dass sie im Urlaub doch von einer Zecke gebissen wurde, diese aber fachgerecht entfernen ließ.
Sie zeigt Frau Dr. Hader ihren rechten Oberarm, auf dem eine kreisrunde Rötung zu erkennen ist.

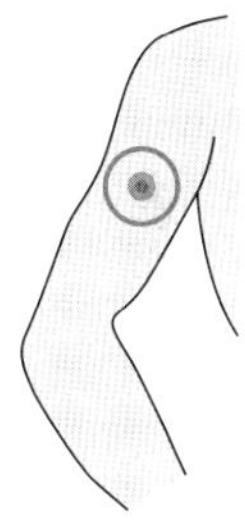

1 Punkt f) Auf welche Krankheit deutet dieses Symptom hin?

1 Punkt g) Wie nennt man diese typische Hautrötung?

1 Erythema zoster

2 Erythema anulare

3 Erythema multiforme ▶ ☐

4 Erythema marginatum

5 Erythema migrans

Frau Dr. Hader rät dringend zur medikamentösen Therapie, die Patientin ist einverstanden.

1 Punkt h) Mit welcher Medikamentengruppe muss die hier vorliegende Krankheit therapiert werden?

___

Aufgabe 5

Herr Straub (43 Jahre alt, gesetzlich krankenversichert) ist seit 13 Jahren Asthmatiker. Er befindet sich deshalb in einem DMP und ist in regelmäßiger Behandlung. Seit diesem Sommer hat sich sein Zustand verschlechtert, deshalb besucht er heute die Sprechstunde. Herr Straub ist Nichtraucher, sein Asthma ist vorwiegend allergisch bedingt (v. a. durch Gräser, Pollen ausgelöst). Die Medikation scheint nicht mehr so gut zu wirken wie früher.

1 Punkt a) Was bedeutet DMP?

___

3 Punkte b) Für welche weiteren Erkrankungen, die im Folgenden aufgeführt sind, existiert ein DMP?

1 Diabetes mellitus

2 Gicht ▶ ☐

3 Koronare Herzkrankheit ▶ ☐

4 Varikosis ▶ ☐

5 Brustkrebs

1 Punkt c) Nennen Sie – neben Allergien – zwei weitere Auslöser von Asthma bronchiale.

___

___

Herr Dr. Weiser untersucht den Patienten. Beim Abhören stellt er giemende, pfeifende Atemgeräusche fest.

1 Punkt d) Welches Instrument verwendet man zum Abhören?

___

1 Punkt e) Wie nennt man pathologische Atemgeräusche in der Fachsprache?

___

Herr Straub berichtet, dass die Häufigkeit der Anfälle in letzter Zeit zugenommen habe, nicht nur durch Pollenflug. Der Patient treibt gerne Sport, zuletzt traten massive Atembeschwerden auch nach körperlicher Anstrengung auf. Die Bedarfsmedikation reichte nach seiner Aussage dabei nicht mehr aus.

3 Punkte

f) Welche drei pathologischen Reaktionen des Bronchialsystems treten bei einem Asthmaanfall auf?

1 Verkrampfte Bronchialmuskulatur
2 Verklebte Alveolen ▶ ☐
3 Schwellung der Bronchialschleimhaut ▶ ☐
4 Vermehrte Schleimbildung ▶ ☐
5 Die Lunge kann sich nicht richtig ausdehnen.

1 Punkt

g) Welche Aussagen zum Asthma bronchiale treffen zu? Wählen Sie die richtige Kombination.

Aussagen:	Kombinationen:
a Asthma gehört zu den obstruktiven Atemwegserkrankungen.	1 a – d – e
b Asthma gehört zu den restriktiven Atemwegserkrankungen.	2 b – c – d – e
c Als Spätfolge kann eine Rechtsherzinsuffizienz entstehen (Cor pulmonale).	3 a – b – d ▶ ☐
d Der Status asthmaticus ist ein lebensbedrohlicher Zustand.	4 a – c – d
e Asthmatiker sollten auf Sport verzichten.	5 b – c – d

Sie sollen bei dem Patienten eine Lungenfunktionsprüfung durchführen.

1 Punkt

h) Wie lautet der Fachbegriff für Lungenfunktionsprüfung?

____

5 Punkte

i) Ordnen Sie die Fachbegriffe der Atemvolumina an die entsprechende Stelle in das Diagramm ein.

1 Vitalkapazität

2 Exspiratorisches Reservevolumen

3 Residualvolumen

4 Inspiratorisches Reservevolumen

5 Totalkapazität

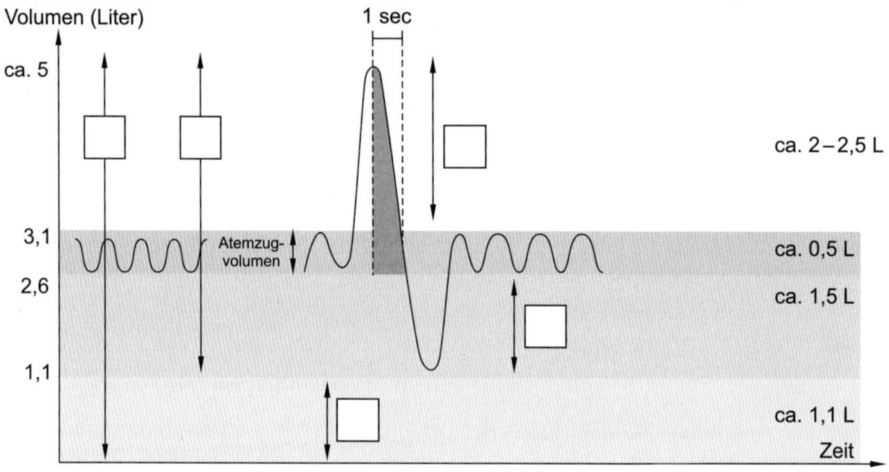

Groger, U.; … in der Arztpraxis. Behandlungsassistenz; S. 285; Cornelsen Verlag

1 Punkt

j) Welche Angabe brauchen Sie **nicht** für die korrekte Auswertung der Lungenfunktionsprüfung?

1 Alter

2 Geschlecht

3 Gewicht ▶ ☐

4 Allergien

5 Größe

1 Punkt

k) Bei der Lungenfunktionsprüfung interessiert besonders der FEV_1-Wert. Welche Aussagen zu FEV_1 treffen zu? Wählen Sie die richtige Kombination.

Aussagen:	Kombinationen:
a FEV_1 misst die Luftmenge, die in 1 Sekunde maximal eingeatmet werden kann.	1 a – c – e
b FEV_1 misst die Luftmenge, die in 1 Sekunde maximal ausgeatmet werden kann.	2 b – c – e
c FEV_1 ist bei Personen, die Asthma haben, oft erniedrigt.	3 a – d ▶ ☐
d FEV_1 ist bei Personen, die Asthma haben, meist erhöht.	4 a – e
e Mit dem Peakflow-Meter können Patientinnen und Patienten den Wert auch zu Hause messen.	5 b – d – e

3 Punkte l) Wie ist die Verteilung folgender Gase in unserer Atemluft?

1	Stickstoff	Ca. 1 %	▶ ☐
2	Sauerstoff	Ca. 79 %	▶ ☐
3	Edelgase	Ca. 20 %	▶ ☐

Herr Dr. Weiser schlägt nach Auswertung der Ergebnisse eine Änderung des Therapieschemas vor. Er verordnet zusätzlich zum bisherigen Spray für Notfälle ein kortisonhaltiges Dosieraerosol. Sie bereiten das Rezept vor.

1 Punkt m) Was bedeutet es, wenn „aut idem“ auf der Arzneimittelverordnung mit einem Kreuzchen versehen ist?

1 Punkt n) Wie lange ist das Rezept gültig?

75 Punkte
90 Minuten

Teil 2: Betriebsorganisation und -verwaltung

Aufgabe 1

Frank Klein beginnt am 01.09.2020 seine Ausbildung zum Medizinischen Fachangestellten in der Allgemeinarztpraxis Dr. med. Stefanie Hader/Dr. med. Gregor Weiser. Zuvor hat er die Mittelschule abgeschlossen. Das duale System ist neu für ihn und er hat in seinen ersten Wochen der Ausbildung einige Fragen an Sie.

2 Punkte a) Welche Aufgaben übernehmen die beiden Partner der dualen Ausbildung bzgl. der fachlichen Ausbildung?

4 Punkte b) Nennen Sie jeweils zwei Vor- und zwei Nachteile, die eine duale Ausbildung für Auszubildende bietet.

Vorteile:

Nachteile:

3 Punkte c) Frank Klein erzählt, dass eine seiner Mitschülerinnen in der Probezeit gekündigt hat. Er möchte wissen, welche Frist für eine solche Kündigung einzuhalten ist, aus welchem Grund gekündigt werden kann und welche Form eingehalten werden muss. Geben Sie ihm diese Informationen.

1 Punkt d) Welche Kündigungsfrist gilt in der Probezeit in einem Arbeitsvertrag?

2 Punkte e) Frank wird in die Abrechnung eingewiesen. Dabei erfährt er von der Institution der „Kassenärztlichen Vereinigung“. Welche der folgenden Aufgaben übernimmt sie?

- Organisation der Bereitschaftsdienste ☐
- Durchführung der Prüfung der Medizinischen Fachangestellten ☐
- Vertretung der Interessen der Ärzte und Ärztinnen gegenüber den Krankenkassen ☐
- Anpassung der Sozialversicherungsbeiträge ☐
- Kontrolle der Arbeitssicherheit in den Arztpraxen ☐

5 Punkte f) Frank weiß nicht, ob er letzte Woche auf die vereinbarten 8 Stunden Arbeitszeit pro Tag kommt.

Folgende Zeiten hat er letzte Woche notiert:

Montag:	9 Stunden 10 Minuten
Dienstag:	7 1/5 Stunden
Mittwoch:	7,15 Stunden
Donnerstag:	8,5 Stunden
Freitag:	8 Stunden 29 Minuten

Sie berechnen daraufhin mit ihm seine durchschnittliche tägliche Arbeitszeit in Stunden und Minuten. Notieren Sie die Berechnung.

Aufgabe 2

Frank Klein wird an der Anmeldung eingesetzt. Die Kommunikation mit den Patienten und Patientinnen macht ihm Spaß, doch manchmal fällt es ihm bei der Terminvereinbarung am Telefon schwer, alle wichtigen Daten exakt aufzunehmen und an seine Kolleginnen weiterzugeben. Sie helfen ihm, effizienter zu arbeiten.

2 Punkte a) Welche zwei Vorteile bietet eine Bestellpraxis für Frank?

3 Punkte b) Da in der Praxis häufig Kinder behandelt werden, überlegen Sie sich mit Frank drei Kommunikationsregeln, wie sich Kinder in Ihrer Praxis wohlfühlen.
Notieren Sie diese.

2 Punkte c) Wie lange muss die Patientenakte eines Kindes aufbewahrt werden?

3 Punkte d) Sie vereinbaren für die Patientin Frau Schmid telefonisch einen Termin bei einem Orthopäden und buchstabieren den Namen nach der Buchstabiertafel.

S:

C:

H:

M:

I:

D:

4 Punkte

Aufgabe 3

Sie mieten mit Ihren Kolleginnen ein Ferienhaus, um dort den Silvesterurlaub zu verbringen. Insgesamt sind Sie fünf MFA und jede von Ihnen muss 280,00 € Mietkosten bezahlen. Kurzfristig entscheiden sich die beiden Auszubildenden aus dem ersten und dem zweiten Lehrjahr, Sie zu begleiten und sich an den Mietkosten zu beteiligen.

Um wie viel Euro sinken dadurch die Mietkosten für jede einzelne MFA?

Aufgabe 4

Sie erhalten ein Angebot für Einweghandschuhe per Post und prüfen dieses.

MediBedarf GmbH

Praxis Dr. Hader / Dr. Weiser
Gartenstraße 86
81379 München

Angebotsnummer 37958/19 04.11.2020

Sehr geehrte Frau Dr. Hader,

wir unterbreiten Ihnen gerne folgendes Angebot:

Einweghandschuhe „SuperFit“ in der Größe M:
Pro Packung mit 100 Handschuhen 4,99 €
Ab 20 Packungen pro Packung 4,24 €

Unsere Preise gelten frei Haus. Ferner sind im Preis die Kosten der Transportverpackung und der Transportversicherung enthalten.

Bei Zahlung innerhalb von 10 Tagen nach Rechnungsdatum gewähren wir Ihnen 3 % Skonto, ansonsten 30 Tage Netto Kasse.

Die Ware bleibt bis zur vollständigen Bezahlung Eigentum des Verkäufers.
Wir freuen uns auf Ihre Bestellung.

Mit freundlichen Grüßen

Dominik Fischer

Dominik Fischer

Medi Bedarf GmbH
Taubenstraße 177
89223 Neu-Ulm

Tel. 0731 – 822278 – 400
Fax 0731 – 822278 – 401
info@medibedarf.net

Bankverbindung:
IBAN DE18 8002 0090 0045 9869 07
BIC SPNUDXXX Steuernr. 3322362446

3 Punkte

a) Wie viel Prozent beträgt der Unterschied des Packungspreises zwischen dem Preis bei Abnahme einer Packung und dem Preis für eine Packung bei Abnahme von 20 oder mehr Packungen?

3 Punkte b) Sie überlegen, wer die Versandkosten bezahlt.
Ordnen Sie dazu drei der sechs Aussagen über die Bezahlung der Beförderungskosten den zugehörigen Vereinbarungen über die Lieferbedingungen zu.

Definition:

1 Der Verkäufer bezahlt das Rollgeld (Anfuhr) bis zur Versandstation.

2 Der Verkäufer bezahlt die Hälfte der Beförderungskosten.

3 Der Verkäufer bezahlt die gesamten Beförderungskosten.

4 Der Verkäufer bezahlt die Kosten von der Versand- bis zur Empfangsstation.

5 Der Käufer bezahlt das Rollgeld für An- und Abfuhr.

6 Der Käufer bezahlt die gesamten Beförderungskosten.

Lieferbedingungen:

ab Lager ▶ ☐

unfrei ▶ ☐

frei Haus ▶ ☐

Sie bestellen am 09.11.2020 30 Packungen der Einweghandschuhe.

---

1 Punkt c) Wann kann die Lieferung der Ware von der MediBedarf GmbH verlangt werden?

____

1 Punkt d) Wann befindet sich die MediBedarf GmbH in Lieferverzug?

1 automatisch 30 Tage nach Bestellungseingang

2 immer 14 Tage nach der Bestellung

3 mit dem Versenden der ersten Mahnung am 20.11.2020 ▶ ☐

4 mit Zugang der ersten Mahnung

5 wenn die MediBedarf GmbH nicht sofort liefert

1 Punkt e) Aufgrund eines Unwetters kann die Ware nicht rechtzeitig geliefert werden. Welches Recht hat die Praxis?

1 Lieferung verlangen

2 keines

3 eine Kaufpreisminderung verlangen ▶ ☐

4 vom Kaufvertrag zurücktreten

5 Schadenersatz verlangen

Als die Ware nach dem Unwetter eintrifft, stellen Sie fest, dass einige wenige Packungen der Einweghandschuhe aufgerissen und somit nicht mehr steril sind.

3 Punkte f) Welche Rechte können Sie nun in Anspruch nehmen?

2 Punkte g) Begründen Sie, für welches Recht Sie sich entscheiden.

2 Punkte h) Auch nach angemessener Nachfristsetzung hat die MediBedarf GmbH nicht auf den Schaden reagiert. Begründen Sie, welches Recht Sie nun sinnvollerweise wählen.

Aufgabe 5

Datenschutz und Datensicherheit wird in Ihrer Praxis großgeschrieben. Durch die Einführung der Datenschutzgrundverordnung (DSGVO) im Jahr 2018 ist dieses Thema auch ins Bewusstsein vieler Patientinnen und Patienten gerückt.

2 Punkte a) Besonders schützenswert sind die sogenannten personenbezogenen Daten. Nennen Sie vier Beispiele für personenbezogene Daten.

Folgende Situationen haben sich in Ihrer Praxis in den letzten Wochen ereignet, die nun in der wöchentlichen Teambesprechung analysiert werden.

2 Punkte

b) Ein Patient bringt eine geschlossene Patientenakte Ihrer Praxis an die Anmeldung, die er im Wartezimmer gefunden hat. Begründen Sie, ob ein Verstoß gegen den Datenschutz vorliegt.

____

____

____

2 Punkte

c) Sie machen mit Ihrem Smartphone Bilder Ihres Wartezimmers, in dem zu diesem Zeitpunkt mehrere Patientinnen und Patienten sitzen. Diese Bilder stellen Sie auf die Homepage der Praxis. Zum Glück hat keine der fotografierten Personen gemerkt, dass Sie die Bilder gemacht haben. Begründen Sie, ob ein Verstoß gegen den Datenschutz vorliegt.

____

____

____

2 Punkte

d) Herr Dr. Weiser bittet Sie, mit Ihrem Smartphone ein Profilfoto von ihm zu machen und dieses auf dem Social Media Account der Praxis zu aktualisieren. Begründen Sie, ob ein Verstoß gegen den Datenschutz vorliegt.

____

____

____

2 Punkte

e) Um möglichst zeitsparend und effizient arbeiten zu können, legen Sie im Behandlungsraum alle Patientenunterlagen auf dem Schreibtisch bereit, die am jeweiligen Tag für die bestellten Patientinnen und Patienten benötigt werden. Begründen Sie, ob ein Verstoß gegen den Datenschutz vorliegt.

____

____

____

5 Punkte

f) Für die Anschaffung eines neuen sicheren Servers für 75.000,00 € schließen sich fünf Arztpraxen zusammen. Die Kosten werden abhängig von der Nutzung der Speicherkapazität auf dem Server folgendermaßen auf die Praxen verteilt:

- Praxis 1 nutzt 1/5 der Serverkapazität
- Praxis 2 nutzt 15,4 % der Serverkapazität
- Praxis 3 nutzt 26 2/3 % der Serverkapazität
- Praxis 4 nutzt 1/10 der Serverkapazität

Wie viel Euro muss die Praxis Dr. Hader/Dr. Weiser zum Kauf des Servers beisteuern?

Aufgabe 6

Immer wieder kommt es vor, dass Patientinnen und Patienten ihre Rechnungen nicht zum vereinbarten Zahlungstermin begleichen. Sie sind heute mit dem Prüfen der Zahlungseingänge beauftragt und bereiten das Mahnverfahren vor.

3 Punkte a) Nennen Sie drei Möglichkeiten, was Sie tun können, damit Patientinnen und Patienten rechtzeitig bezahlen.

1 Punkt b) Die Rechnung (Rechnungsdatum 28.10.2020) von Patient Franco Bauer für seine Behandlung hat das Zahlungsziel 15.11.2020. Wann befindet sich Herr Bauer in Zahlungsverzug?

1 Punkt c) Wann wäre die Rechnung verjährt?

1 Punkt d) Herr Bauer erhält am 08.01.2021 eine Mahnung von Ihnen. Wann endet nun die Verjährung?

3 Punkte

e) Auch nach zwei weiteren Mahnungen erhalten Sie keinen Zahlungseingang. Sie überlegen deshalb ein gerichtliches Mahnverfahren einzuleiten. Sie bringen den Ablauf eines gerichtlichen Mahnverfahrens in die richtige Reihenfolge.

Ablauf:	Reihenfolge:
Der Vollstreckungsbescheid wird ausgefertigt und zugestellt.	☐
Dr. Hader stellt beim Amtsgericht den Antrag auf Erlass des Vollstreckungsbescheides.	☐
Dr. Hader stellt beim zuständigen Amtsgericht den Antrag auf Erlass eines Mahnbescheids.	☐
Der Mahnbescheid wird vom Amtsgericht erlassen und Herrn Bauer per Postzustellungsurkunde zugestellt.	☐
Herr Bauer zahlt nicht und erhebt auch keinen Widerspruch.	☐
Herr Bauer erhebt keinen Einspruch; nach Ablauf der Einspruchsfrist führt der Gerichtsvollzieher die Zwangsvollstreckung durch.	☐

2 Punkte

f) Um weitere Unannehmlichkeiten zu vermeiden, bittet Herr Bauer am 11.03.2021 um Stundung der Schuld. Wann ist das neue Verjährungsende und warum ändert es sich?

____

____

2 Punkte

g) Am 13.03.2021 gewährt Dr. Hader eine Stundung von zwei Monaten. Wann endet die Verjährung und warum ändert sich das Verjährungsende?

____

____

30 Punkte
30 Minuten

Teil 3: Wirtschafts- und Sozialkunde

1 Punkt

Aufgabe 1

Fünf Auszubildende wollen am 01.12.2021 eine Ausbildung zum bzw. zur MFA beginnen. Wer von ihnen darf den Ausbildungsvertrag ohne Eltern rechtswirksam abschließen?

1 Francesco, geboren 24.12.2003

2 Heike, geboren 01.01.2005

3 Ümmü, geboren 15.08.2004 ▶ ☐

4 Tom, geboren 20.02.2004

5 Linda, geboren 03.04.2003

1 Punkt

Aufgabe 2

In einem Ausbildungsvertrag können zusätzliche Vereinbarungen getroffen werden. Welche der angeführten Zusatzvereinbarungen ist zulässig?

1 Für 4 € kann der bzw. die Auszubildende ein Mittagessen beim Metzger nebenan erhalten.

2 Der bzw. die Auszubildende muss für kaputtgegangene Laborgeräte Ersatz leisten.

3 Der bzw. die Auszubildende muss auch nachts telefonisch erreichbar sein. ▶ ☐

4 Der bzw. die Auszubildende muss jede von ihr verlangte Arbeit ausführen.

5 Die Unterbringung bei einer überbetrieblichen Unterweisungsmaßnahme muss der bzw. die Auszubildende selbst bezahlen.

1 Punkt

Aufgabe 3

Zu den Pflichten der Ausbilder*innen gehört die Sorgepflicht. Welche Aussage ist zutreffend?

1 Sie müssen dafür sorgen, dass die Auszubildenden ehrliche Menschen werden.

2 Sie müssen dafür sorgen, dass die Auszubildenden charakterlich gefördert werden.

3 Sie müssen dafür sorgen, dass die Auszubildenden sorgfältig arbeiten. ▶ ☐

4 Sie müssen dafür sorgen, dass die Jugendlichen in der Freizeit keine Straftaten begehen.

5 Sie müssen dafür sorgen, dass die Auszubildenden sich gesund ernähren und genug Sport treiben.

1 Punkt

Aufgabe 4

Welche Angabe zur Dauer der Probezeit zu Beginn eines Ausbildungsverhältnisses ist korrekt?

1 14 Tage

2 2 Monate

3 5 Monate ▶ □

4 6 Monate

5 1 Jahr

1 Punkt

Aufgabe 5

Laut Jugendarbeitsschutzgesetz stehen der 17-jährigen Auszubildenden Vanessa Schmidt mindestens …

1 23 Werktage Urlaub zu.

2 25 Werktage Urlaub zu.

3 28 Werktage Urlaub zu. ▶ □

4 30 Werktage Urlaub zu.

5 32 Werktage Urlaub zu.

1 Punkt

Aufgabe 6

Die Auszubildende Vanessa Schmidt (17) arbeitet von 9.00 bis 17.00 Uhr und geht um 14.20 Uhr in ihre erste Pause. Wann hätte sie ihre Pause antreten müssen?

1 Um 13.30 Uhr

2 Um 14.00 Uhr

3 Um 12.00 Uhr ▶ □

4 Um 12.30 Uhr

5 Um 14.10 Uhr

1 Punkt

Aufgabe 7

Die MFA Frau Huber (48) arbeitet am Mittwoch von 8.00 bis 17.00 Uhr. Um welche Uhrzeit muss sie spätestens eine Pause machen, damit sie nicht mit dem Gesetz in Konflikt gerät?

1 Zur Mittagspause um 12.00 Uhr

2 Um 13.00 Uhr

3 Um 14.20 Uhr ▶ □

4 Um 14.00 Uhr

5 Um 15.00 Uhr

1 Punkt

Aufgabe 8

Der Auszubildende Konstantin Müller, 23 Jahre, weiß nicht, welche Aufgaben die Jugend- und Auszubildendenvertretung hat. Welches Gesetz bzw. Gesetzbuch kann darüber Auskunft geben?

1 Das Betriebsverfassungsgesetzbuch

2 Das Jugendarbeitsschutzgesetz

3 Das Handelsgesetzbuch ▶ ☐

4 Das Bürgerliche Gesetzbuch

5 Das Arbeitszeitgesetz

1 Punkt

Aufgabe 9

Welche der aufgeführten Aufgaben gehört **nicht** zu den Aufgaben der Jugend- und Auszubildendenvertretung?

1 Fragen zur Übernahme nach der Berufsausbildung

2 Durchsetzung der Gleichstellung von Mann und Frau

3 Überwachung der Unfallverhütungsvorschriften ▶ ☐

4 Mitwirkung bei der Verhandlung der Tarifverträge

5 Überwachung von Einhaltung der Gesetze

1 Punkt

Aufgabe 10

Sie sind in die Jugend- und Auszubildendenvertretung (JAV) gewählt worden. Bei der ersten Sitzung des Betriebsrates nach Ihrer Wahl geht es dort ausschließlich um Fragen zur Berufsausbildung. Prüfen Sie, wer an dieser Sitzung mit welchem Recht teilnehmen darf.

1 An dieser Sitzung darf nur der bzw. die JAV-Vorsitzende teilnehmen und er bzw. sie besitzt auch Stimmrecht.

2 Es darf nur der bzw. die JAV-Vorsitzende teilnehmen und er bzw. sie darf nur beraten.

3 An dieser Sitzung darf kein JAV-Mitglied teilnehmen. ▶ ☐

4 An dieser Sitzung darf jedes JAV-Mitglied teilnehmen und hat dabei Stimmrecht.

5 An dieser Sitzung darf jedes JAV-Mitglied teilnehmen. Nur der bzw. die JAV-Vorsitzende hat ein Stimmrecht.

1 Punkt

Aufgabe 11

Für die Einrichtung eines Betriebsrats gelten gesetzliche Bestimmungen. Welche der angeführten Bestimmungen ist richtig?

1 Ein Betriebsrat darf immer gewählt werden.

2 Der Betriebsrat wird auf fünf Jahre gewählt.

3 Ein Betriebsrat kann nur eingerichtet werden, wenn im Betrieb mindestens fünf wahlberechtigte Arbeitnehmer*innen vorhanden sind. ▶ ☐

4 Jeder Mitarbeiter bzw. jede Mitarbeiterin kann in den Betriebsrat gewählt werden.

5 Die regelmäßige Amtszeit des Betriebsrats beträgt sechs Jahre.

1 Punkt

Aufgabe 12

Welche der folgenden Personen genießt einen besonderen Kündigungsschutz?

1 Hans Hecking, 56 Jahre, war bis vor eineinhalb Jahren Mitglied des Betriebsrats.

2 Mandy Musiol, 29 Jahre, brachte vor sechs Monaten ihren ersten Sohn auf die Welt und befindet sich nicht in Elternzeit.

3 Nina Pler, 22 Jahre, schwerbehindert, ist seit vier Monaten im Klinikum angestellt. ▶ ☐

4 Markus Maier, 32 Jahre, ist seit zwei Jahren im Klinikum angestellt und derzeit in Elternzeit.

5 Carolin Volk, 35 Jahre, ist seit fünf Jahren im Klinikum angestellt und Prokuristin.

1 Punkt

Aufgabe 13

Jeder Arbeitnehmer und jede Arbeitnehmerin kann nach Beendigung seines bzw. ihres Arbeitsverhältnisses von seinem bzw. ihren Arbeitgeber ein schriftliches Zeugnis verlangen. Prüfen Sie, welche Feststellung den gesetzlichen Vorschriften **nicht** entspricht.

1 Arbeitszeugnisse werden nicht in Absprache mit dem Betriebsrat erstellt.

2 Ein „qualifiziertes Zeugnis“ informiert über die Leistungen des Arbeitnehmers bzw. der Arbeitnehmerin.

3 Das qualifizierte Zeugnis muss wohlwollend sein. ▶ ☐

4 Der Arbeitsgeber muss dem Arbeitnehmer bzw. der Arbeitnehmerin nicht automatisch ein „qualifiziertes Zeugnis“ ausstellen.

5 Ein „einfaches Zeugnis“ macht Angaben über die Dauer des Arbeitsverhältnisses und die Führung des Arbeitnehmers bzw. der Arbeitnehmerin.

1 Punkt

Aufgabe 14

Welche Aussage zu Versicherungspflicht- und Beitragsbemessungsgrenzen ist richtig?

1 Bei der Unfallversicherung gilt auch eine Beitragsbemessungsgrenze.

2 Bei der gesetzlichen Krankenversicherung ist zu beachten, dass die Versicherungspflichtgrenze stets der Beitragsbemessungsgrenze entspricht.

3 Bei der gesetzlichen Arbeitslosenversicherung ist keine Beitragsbemessungsgrenze zu berücksichtigen. ▶ ☐

4 Bei der gesetzlichen Arbeitslosenversicherung ist als Beitragsbemessungsgrenze höchstens ein Satz von 95 % der Versicherungspflichtgrenze der gesetzlichen Rentenversicherung zugrunde zu legen.

5 Bei der gesetzlichen Pflegeversicherung ist der gleiche Wert der Beitragsbemessungsgrenze wie bei der gesetzlichen Krankenversicherung zu beachten.

1 Punkt

Aufgabe 15

Wonach bemisst sich bei den Versicherten die Höhe des Beitrags für die gesetzliche Krankenversicherung?

1 Krankheitstage

2 Anzahl der Familienangehörigen

3 Bruttolohn ▶ ☐

4 Nettolohn

5 Gesundheitsstatus

1 Punkt

Aufgabe 16

Ein Unfall einer MFA in der Arztpraxis wurde als Arbeitsunfall anerkannt. Wer ist für die Begleichung der Heilkosten zuständig?

1 Die Arztpraxis, weil der Unfall dort passiert ist

2 Die gesetzliche Krankenversicherung

3 Ihre private Unfallversicherung ▶ ☐

4 Die gesetzliche Unfallversicherung

5 Die MFA selbst

1 Punkt

Aufgabe 17

Von Lohn und Gehalt werden den Arbeitnehmern und Arbeitnehmerinnen Beiträge für die Sozialversicherung abgezogen. Für welche der aufgeführten Versicherungen muss nur der Arbeitgeber Beiträge bezahlen?

[1] Gesetzliche Krankenversicherung
[2] Rentenversicherung
[3] Pflegeversicherung ▶ ☐
[4] Gesetzliche Unfallversicherung
[5] Arbeitslosenversicherung

1 Punkt

Aufgabe 18

Was ist darunter zu verstehen, wenn ein Tarifvertrag für allgemein verbindlich festgelegt wird?

[1] Er gilt für ganz Deutschland.
[2] Der Tarifvertrag ist für alle Branchen gültig.
[3] Der Tarifvertrag gilt verbindlich über mehrere Jahre. ▶ ☐
[4] Der Tarifvertrag gilt branchenübergreifend in ganz Deutschland.
[5] Der Tarifvertrag gilt für alle Arbeitnehmer und Arbeitgeber in einem Tarifgebiet.

2 Punkte

Aufgabe 19

Arbeitsrechtliche Sachverhalte werden in verschiedenen Gesetzen geregelt. Ordnen Sie zu, indem Sie die Kennziffern von 2 der 6 Rechtsquellen in die Kästchen neben den rechtlichen Normen eintragen.

Rechtsquellen:

[1] Jugendarbeitsschutzgesetz
[2] Berufsbildungsgesetz
[3] Handelsgesetzbuch
[4] Bundesurlaubsgesetz
[5] Betriebsverfassungsgesetz
[6] Tarifvertragsgesetz

Rechtliche Normen:

Arbeitgeber und Betriebsrat arbeiten unter Beachtung der geltenden Tarifverträge vertrauensvoll zusammen. ▶ ☐

Der Urlaub beträgt jährlich mindestens 24 Wochentage. ▶ ☐

3 Punkte

Aufgabe 20

Bei welchem Gericht müsste Frau Karpfen in den folgenden Situationen klagen? Ordnen Sie richtig zu, indem Sie die Ziffer des zuständigen Gerichts in das Kästchen hinter die Situation notieren.

Gericht:	Situation:	
1 Sozialgericht 2 Finanzgericht	Frau Karpfen hat eine ungerechtfertigte Kündigung erhalten.	▶ ☐
3 Strafgericht 4 Amtsgericht	Frau Karpfen glaubt, ihre Krankenkasse habe das Krankengeld zu niedrig bemessen.	▶ ☐
5 Arbeitsgericht 6 Verwaltungsgericht	Frau Karpfens Sonderausgaben wurden nicht anerkannt.	▶ ☐

1 Punkt

Aufgabe 21

In der Bundesrepublik Deutschland gibt es Gewaltenteilung. Ordnen Sie den Bundesrat einem der folgenden Begriffe richtig zu.

1 Kommunikative
2 Judikative
3 Legislative ▶ ☐
4 Exekutive
5 Operative

1 Punkt

Aufgabe 22

Wer besitzt die „Richtlinienkompetenz“?

1 Bundeskanzler*in
2 Außenminister*in
3 Bundespräsident*in ▶ ☐
4 Finanzminister*in
5 alle Abgeordneten des Deutschen Bundestages

1 Punkt

Aufgabe 23

Wer wählt die Bundeskanzlerin bzw. den Bundeskanzler in Deutschland?

1 Der Bundesrat
2 Der Bundespräsident bzw. die Bundespräsidentin
3 Der Bundestag ▶ ☐
4 Die Bundesversammlung
5 Das Volk

1 Punkt

Aufgabe 24

Wenn eine Volkswirtschaft nicht mehr wächst oder sogar schrumpft, befindet sie sich in …

1 einer Rezension.

2 einer Rezession.

3 einer Hochkonjunktur. ▶ ☐

4 einem Boom.

5 einer Expansion.

1 Punkt

Aufgabe 25

In welcher wirtschaftlichen Phase wird ein Unternehmen am ehesten Lohnerhöhungen gewähren?

1 Rezession

2 Expansion

3 Inflation ▶ ☐

4 Deflation

5 Rezension

1 Punkt

Aufgabe 26

Was bezeichnet der Begriff „Konjunktur“?

1 der Wert aller im Inland produzierten Güter

2 die Auf- und Abwertung einer Währung

3 Auf- und Abschwungphasen der Wirtschaft ▶ ☐

4 Vollbeschäftigung

5 außenwirtschaftliches Gleichgewicht

1 Punkt

Aufgabe 27

Die Verbraucherpreise sinken. Stellen Sie fest, was die Ursache dafür sein kann.

1 Die Löhne steigen relativ stärker als der Produktionsfortschritt.

2 Die Gütermenge steigt um 2 %, die nachfragewirksame Geldmenge um 5 %.

3 Der Wert des Euro fällt gegenüber dem US-Dollar. ▶ ☐

4 Die Bundesregierung investiert massiv in den Ausbau der Verkehrsinfrastruktur.

5 Die pessimistische Einschätzung der weiteren gesamtwirtschaftlichen Entwicklung durch die privaten Haushalte führt zur Erhöhung der Sparquote.

Lösungen

Teil 1: Behandlungsassistenz

Aufgabe 1

___ von 1 P. a) *Hinweis: Als Synonyme werden auch oft akutes Lumbalsyndrom oder akute Lumbalgie verwendet. Von Lumboischialgie, Ischialgie spricht man, wenn auch Nerven involviert sind.*

akute Lumbago

___ von 1 P. b) Diskusprolaps

___ von 1 P. c) *Hinweis: Die Aussagen 1, 2, 4 und 5 können ausgeschlossen werden. Die Bandscheiben bestehen aus einem äußeren Faserring (aus Faserknorpel) und einem gelartigen Kern. Menschen, die viel sitzen, haben ein erhöhtes Risiko für einen Bandscheibenvorfall, das durch ausreichend Bewegung bzw. Kräftigung der rumpfstabilisierenden Muskulatur als Ausgleich reduziert werden kann. Besonders häufig entstehen Bandscheibenvorfälle im unteren Bereich der Lendenwirbelsäule. Eine intakte Wirbelsäule des Menschen hat 23 Bandscheiben, die zwischen den Wirbelkörpern liegen.*

[3] Der Bandscheibenvorfall zählt zu den degenerativen Erkrankungen.

___ von 5 P. d) **1:** Spinalnerv/Nerven
2: Dornfortsatz
3: Bandscheibe
4: Wirbelkörper
5: Querfortsatz

___ von 1 P. e) Ein Reflex ist eine schnelle, unwillkürliche Reaktion auf einen Reiz.

___ von 1 P. f) *Hinweis: Der Plural von Analgetikum ist Analgetika.*

Analgetikum

___ von 1 P. g) *Hinweis: Eine Magnetresonanztomographie (auch: Kernspintomographie) ist ein bildgebendes Verfahren, dessen Funktionsprinzip nicht auf Strahlung basiert.*

Magnetresonanztomographie

___ von 1 P. h) Muster 10A

___ von 1 P. i) *Hinweis: Die Abkürzung BKS steht für Blutkörperchensenkungsgeschwindigkeit und ist gleichbedeutend mit der Blutsenkungsgeschwindigkeit (BSG). Die Methode mit Citratblut geht u. a. auf Alf Westergren zurück, daher wird oft „nach Westergren" oder „n. W." angegeben. Abgelesen wird der Wert meist nach einer Stunde. Physiologisch sind Senkungsgeschwindigkeiten innerhalb der ersten Stunde von bis zu 25 mm n. W. (bei Frauen unter 50), bis zu 30 mm n. W. (bei Frauen über 50), bis zu 15 mm n. W. (bei Männern unter 50) und bis zu 20 mm n. W. (bei Männern über 50).*

[3] Die BKS wird nach 3 Stunden abgelesen.

___ von 1 P.

j) *Hinweis: Die Leukozyten sind ein weiterer Entzündungsparameter, da sie Abwehrzellen des Körpers sind und sich bei Infekten vermehren. Der Normbereich bei Erwachsenen liegt bei ca. 4.000–10.000 pro Mikroliter Blut.*

Leukozyten

___ von 5 P.

k) *Hinweis: Anstatt der Zonenangabe (hier: Z2) können auch bestimmte GOPn angesetzt werden. Im Fallbeispiel könnte also anstatt Z2 die GOP 40222 aufgelistet werden. Wäre der Hausbesuch der einzige Arzt-Patienten-Kontakt im Quartal, so würde man nicht die GOP 03000 (Versichertenpauschale) abrechnen, sondern GOP 03030 (Versichertenpauschale bei unvorhergesehener Inanspruchnahme). In diesem Beispiel: 03030 müsste zunächst aufgelistet werden, muss aber aufgrund der 03000 an Tag 2 wieder gestrichen werden, da diese nicht nebeneinander abrechenbar sind.*

Tag 1: 01412 – Z2

Tag 2: 03000 – 32033 – 32042

Aufgabe 2

___ von 1 P.

a) *Hinweis: Auch der Begriff Echografie wäre hier möglich, dieser ist jedoch weniger gebräuchlich.*

Sonografie

___ von 2 P.

b) *Hinweis: Das Kontaktgel dient zur besseren Übertragung der Schwingungen, sodass eine gute Bildqualität gegeben ist. Mit dem Zellstoff kann das Kontaktgel anschließend wieder abgewischt werden.*

Ultraschallgel/Kontaktgel; Zellstoff

___ von 1 P.

c) *Hinweis: Alte Erythrozyten werden in der Leber (und Milz) abgebaut. Beim Abbau des roten Blutfarbstoffs Hämoglobin (Hb) fällt Bilirubin an. Bilirubin gelangt normalerweise über die Gallenflüssigkeit in den Darm. Dort finden weitere Stoffwechselvorgänge statt, wobei u. a. das Abbauprodukt Urobilinogen entsteht. Ein Teil davon kommt vom Darm über die Pfortader wieder zurück zur Leber. Ein kleiner Teil des Urobilinogens gelangt nun über das Blut zur Niere und wird schließlich mit dem Harn ausgeschieden. Zum Teil fließt die Substanz aber auch wieder mit dem Gallensaft in den Darm und wird (nach weiterer Verstoffwechselung) mit dem Stuhl ausgeschieden. Bei einer Leberschädigung ist der Stoffwechsel von Bilirubin bzw. Urobilinogen gestört, die Stoffe fallen vermehrt im Blut und im Harn an.*

[4] b – e

___ von 2 P.

d) Gastritis: Magenschleimhautentzündung

Ulcus ventriculi: Magengeschwür

___ von 1 P.

e) *Hinweis: Ein pH-Wert von 7 gilt als „pH-neutral“. Werte unter 7 gelten als „sauer“, Werte über 7 gelten als „basisch“. Der pH-Wert im Magen liegt bei ca. 1,0–1,5 und ist somit extrem „sauer“.*

[1] a – c – e

____ von 6 P.

f) *Hinweis: Als Hilfestellung können Sie diese Begriffe beachten: Duodenum – Zwölffingerdarm; Kardia – Mageneingang; Antrum – Anfangsabschnitt des Magenausgangs; Corpus – Magenkörper; Fundus – Magenkuppel; Pylorus – Magenpförtner.*

Duodenum [6]

Kardia [1]

Antrum [4]

Corpus [3]

Fundus [2]

Pylorus [5]

____ von 2 P.

g) *Hinweis: Es handelt sich um eine endoskopische Untersuchung. Dabei wird ein Kunststoffschlauch über den Mund eingeführt. Der Schlauch ist mit einer Kamera ausgestattet, welche Bilder aus dem Körperinneren auf einen Bildschirm überträgt.*

Spiegelung von Speiseröhre, Magen und Zwölffingerdarm

____ von 1 P.

h) Das Bakterium *Helicobacter pylori* verursacht eine Gastritis.

____ von 1 P.

i) *Hinweis: Beachten Sie, dass Antacida die bereits gebildete Magensäure neutralisieren. Protonenpumpenhemmer (PPI) verhindern die Sekretion von Magensäure.*

[5] b – d

____ von 1 P.

j) [4] a – b – e

____ von 4 P.

k) *Hinweis: Am Tag 1 kann die Versichertenpauschale (03000), die Sonografie des Abdomens (33042) und die Urinstreifenuntersuchung (32033) abgerechnet werden. Am Tag 2 findet das problemorientierte ärztliche Gespräch statt, das pro vollendete 10 Minuten abrechenbar ist. In diesem Beispiel ist die GOP 03230 also einmal zu berechnen.*

Tag 1: 03000 – 33042 – 32033

Tag 2: 03230

Aufgabe 3

____ von 5 P.

a)

Bakterielle Infektion eines Haarbalgs	[3]	Furunkel
Diffuse eitrige Entzündung im Gewebe	[4]	Phlegmone
Eiteransammlung in vorbestehender Körperhöhle	[2]	Empyem
Eitrige Infektion mehrerer Haarfollikel nebeneinander	[5]	Karbunkel
Eiteransammlung in nicht vorbestehender Körperhöhle	[1]	Abszess

____ von 5 P.

b)
- Rötung (Rubor)
- Schwellung (Tumor)
- Wärme/Überwärmung (Calor)
- Schmerz (Dolor)
- eingeschränkte Funktion (functio laesa)

____ von 1 P.

c) *Hinweis: Bei Abszessen ist eine offene Wundbehandlung notwendig. In die Wunde werden ggf. (desinfizierende) Laschen, Tamponaden oder Drainagen ein- und ein steriler Wundverband angelegt. So kann der restliche Eiter weiterhin abfließen und die Wunde bei Bedarf gespült werden. Eine sorgfältige Wundpflege ist unbedingt erforderlich. Würde man die Wunde mit einer Naht verschließen, wäre das Risiko einer erneuten Abszessentstehung sehr hoch.*
Bei einem derartigen Abszess wie im Fallbeispiel wäre die Gefahr einer Keimverschleppung durch Infiltrationsanästhesie zu hoch.

[2] Nach der operativen Abszesseröffnung wird die OP-Wunde wieder zugenäht.

____ von 1 P.

d) [2] Spitzes Skalpell

____ von 3 P.

e) *Hinweis: Hier handelt es sich um Anforderungen an einen Wundverband nach T. D. Turner. Alternative Antwortmöglichkeiten sind: Aufrechterhaltung eines feuchten Milieus, Gasaustausch möglich, thermische Isolation der Wunde, Entfernung von überschüssigem Exsudat, Wundruhe.*

- Atraumatischer Verbandswechsel möglich
- Freisein von Fremdpartikeln/toxischen Schadstoffen
- Schutz vor Infektionen

____ von 4 P.

f) *Hinweis: Beachten Sie, dass der Patient für Sonntag einbestellt wurde, es handelt sich also nicht um eine „unvorhergesehene Inanspruchnahme". Da der 01.04. ein neuer Quartalsbeginn ist, kann die Versichertenpauschale erneut abgerechnet werden.*

28.03.: 03000–02301
29.03.: 01102
30.03.: –
01.04.: 03000

Aufgabe 4

____ von 1 P.

a) *Hinweis: Beim kleinen Blutbild werden folgende Parameter untersucht: Erythrozyten, Hämoglobinkonzentration, Hämatokrit, MCH (mittlere Hämoglobinmenge eines Erythrozyten), MCHC (mittlere Hämoglobinkonzentration), MCV (mittleres Volumen), Leukozyten, Thrombozyten.*
Beim großen Blutbild werden zusätzlich noch einzelne Leukozyten (wie Monozyten) untersucht.

[5] Monozytenzahl

____ von 1 P.

b) Frühsommer-Meningoenzephalitis

____ von 1 P.

c) Ein Parasit ernährt sich auf Kosten eines anderen Lebewesens (= Wirt).

____ von 2 P.

d) *Hinweis: Auf heller Kleidung können Zecken leichter entdeckt werden.*

- lange Hosen, helle Kleidung tragen
- Auftragen von zeckenabweisenden „Vergrämungsmitteln" (Repellents)
- hohes Gras meiden

____ von 8 P. e) *Hinweis: Die Sporttauglichkeitsuntersuchung ist prinzipiell keine Kassenleistung, sondern eine „Individuelle Gesundheitsleistung (IGeL)". Sie wird daher nach der Gebührenordnung für Ärzte (GOÄ) privat abgerechnet. Allerdings gibt es vermehrt Gesetzliche Krankenkassen, die einen Teil der Kosten übernehmen.*
Ob die FSME-Impfung von der GKV übernommen wird, hängt von verschiedenen Faktoren ab (z. B. Wohnort in einem Risikogebiet) und variiert je nach Krankenkasse.

GOÄ: 8 – 652 – 250 – 3652 – 3550 – 3501 – 1

GOP: 89102 R

____ von 1 P. f) Borreliose

____ von 1 P. g) [5] Erythema migrans

____ von 1 P. h) Antibiotika

Aufgabe 5

____ von 1 P. a) Disease-Management-Program

____ von 3 P. b) *Hinweis: Im Moment (Stand Herbst 2020) gibt es für folgende Krankheiten ein DMP: Asthma bronchiale, Brustkrebs, COPD, Diabetes mellitus Typ 1 und Typ 2, Koronare Herzkrankheit (mit einem Modul „chronische Herzinsuffizienz"). Für weitere chronische Erkrankungen (z. B. Depression, chronischer Rückenschmerz) sind DMP beschlossen, aber noch nicht in Kraft getreten.*
DMP sind Behandlungsprogramme für chronisch kranke Patientinnen und Patienten. Sie können sich bei ihrer Krankenkasse für ein DMP eintragen lassen. Ziele – neben der Therapie – ist eine verbesserte, koordinierte Zusammenarbeit der einzelnen Therapeuten bzw. Therapeutinnen und Einrichtungen des Gesundheitswesens.

[1] Diabetes mellitus

[3] Koronare Herzkrankheit

[5] Brustkrebs

____ von 1 P. c) *Hinweis: Hier gibt es auch andere Beispiele wie Kälte oder Infekte. Beachten Sie zudem, dass Mischformen vorkommen können.*

- Stress
- Belastung

____ von 1 P. d) Stethoskop

____ von 1 P. e) Stridor

____ von 3 P. f) [1] Verkrampfte Bronchialmuskulatur

[3] Schwellung der Bronchialschleimhaut

[4] Vermehrte Schleimbildung

____ von 1 P.

g) *Hinweis: Bei einer obstruktiven Lungenerkrankung liegt eine Verengung der Atemwege vor. Bei einer restriktiven Lungenerkrankung kann sich die Lunge nicht mehr richtig entfalten, oft ist das Lungengewebe krankhaft verändert (z. B. Umwandlung zu Bindegewebe bei einer Lungenfibrose).*
Von einem Status asthmaticus spricht man bei einem Asthmaanfall, der sich trotz Verabreichung der entsprechenden Medikamente nicht bessert und über 24 Stunden andauert.
*Keinesfalls sollen Asthmatiker*innen auf Sport verzichten. Das Asthma sollte natürlich durch die entsprechenden Therapiemaßnahmen kontrolliert werden können. Für diese Patientengruppe eignen sich v. a. Intervallsportarten bzw. Intervallbelastungen. So kann sich die Atmung in den belastungsfreien Intervallen immer wieder normalisieren. Besonders wichtig ist das Aufwärmen, ein „Kaltstart" kann zu Atemproblemen führen. Regelmäßiges Training führt dazu, die Alltagsbelastungen besser zu meistern und die Leistungsfähigkeit des Atmungssystems zu verbessern bzw. zu erhalten.*

[4] a – c – d

____ von 1 P.

h) Spirographie

____ von 5 P.

i)

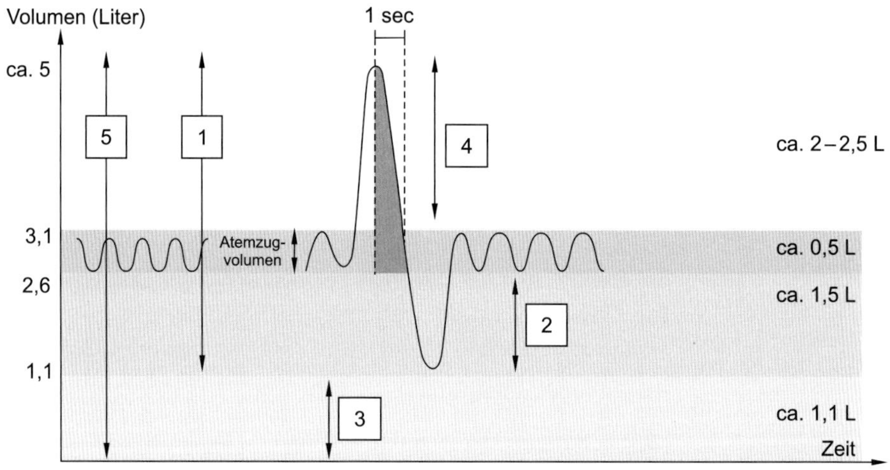

____ von 1 P.

j) [4] Allergien

____ von 1 P.

k) *Hinweis: FEV_1 ist das **F**orcierte **E**xspiratorische **V**olumen, das nach maximaler Inspiration in einer Sekunde maximal ausgeatmet werden kann. Bei einer Atemwegsverengung kann nicht so viel Volumen in einer Sekunde ausgeatmet werden.*
Der Peakflow-Meter dient den Patienten und Patientinnen zur täglichen Kontrolle der Lungenfunktion.

[2] b – c – e

____ von 3 P.

l) Ca. 1 % [3] Edelgase

Ca. 79 % [1] Stickstoff

Ca. 20 % [2] Sauerstoff

___ von 1 P.

m) *Hinweis: „Aut idem" kommt aus dem Lateinischen und bedeutet „oder das Gleiche". Der Apotheker oder die Apothekerin kann statt des verordneten Medikamentes ein wirkstoffgleiches Präparat an den Kunden bzw. die Kundin herausgeben. Das ist nicht erlaubt, wenn „aut idem" auf dem Rezept markiert wurde und sozusagen durch das Kreuzchen durchgestrichen wurde.*

Das verordnete Arzneimittel darf nicht gegen ein wirkstoffgleiches Präparat ausgetauscht werden, nur das verordnete Medikament darf herausgegeben werden.

___ von 1 P.

n) *Hinweis: Je nach Krankenkasse und Bundesland liegt die Gültigkeit bei 28 oder 30 Tagen.*

1 Monat

So viele Punkte habe ich erreicht: ________

So lange habe ich gebraucht: ________

Teil 2: Betriebsorganisation und -verwaltung

Aufgabe 1

___ von 2 P.

a) *Hinweis: Beachten Sie, dass es sich bei den beiden Partnern um den Betrieb (hier: Praxis) und die Schule handelt.*

Die Praxis übernimmt die praktische Ausbildung.

In der Schule wird die Theorie im fach- und allgemeinbildenden Unterricht vermittelt.

___ von 4 P.

b) *Hinweis: Es sind nur jeweils zwei Vor- und zwei Nachteile gefordert. In der folgenden Lösung sind weitere Möglichkeiten angegeben.*

Vorteile:

- Theorie und Praxis vereint
- aufgrund der bundeseinheitlichen Ausbildungsordnung vergleichbare Abschlüsse
- allgemeine Schulbildung und Erwerb des mittleren Schulabschlusses möglich
- Abwechslung

Nachteile:

- Theorie und Praxis können ggf. zeitlich und inhaltlich voneinander abweichen
- evtl. mangelnde fachliche Ausbildung
- Gefahr, dass Auszubildende als „billige Arbeitskraft" gesehen werden

___ von 3 P.

c) Die Kündigung in der Probezeit kann fristlos und ohne Nennung eines Grundes erfolgen. Sie muss schriftlich eingereicht werden.

___ von 1 P.

d) *Hinweis: Beachten Sie, dass die Kündigungsfrist nur ab dem Tag der Kündigung zählt.*

Zwei Wochen

___ von 2 P.

e) *Hinweis: Beachten Sie, dass bei diesem Aufgabentyp mehrere Antwortmöglichkeiten richtig sein können.*

Organisation der Bereitschaftsdienste ☒

Vertretung der Interessen der Ärzte und Ärztinnen gegenüber den Krankenkassen ☒

___ von 5 P.

f) *Hinweis: Beachten Sie bei der Berechnung die Einheiten. Es bietet sich an, zuerst alle Angaben in Minuten umzurechnen.*

Umrechnung in Minuten:

9 h 10 min	=	550 min
7 1/5 h	=	432 min
7,15 h	=	429 min
8,5 h	=	510 min
8 h 29 min	=	509 min
Summe		2.430 min

Durchschnitt:

2.430 min : 5 Tage = 486 min/Tag

486 min/Tag : 60 min/h = 8,1 h/Tag

8 h + 0,1 · 60 min/h = 8 h 6 min

Aufgabe 2

___ von 2 P.

a) *Hinweis: Sie müssen nur zwei Vorteile zur vollständigen Beantwortung angeben. Im Folgenden sind weitere Möglichkeiten notiert.*

- bessere Planung
- bessere Verteilung der Patienten und Patientinnen
- weniger Überlastung
- geregelte Arbeitszeiten
- angenehmerer Umgang mit Patienten und Patientinnen, da diese zufriedener und entspannter sind

___ von 3 P.

b) *Hinweis: Es sind nur drei Regeln verlangt. Neben den hier angegebenen Beispielen sind auch Alternativen denkbar.*

- auf Augenhöhe begeben
- mit Vornamen ansprechen
- die Vorgänge in kindgerechter Sprache erklären
- Loben
- Ablenkung bei unangenehmer Behandlung

___ von 2 P.

c) 10 Jahre, ab dem 18. Geburtstag/Vollendung des 18. Lebensjahrs

___ von 3 P.

d) S: Samuel
C: Cäsar
H: Heinrich
M: Martha
I: Ida
D: Dora

Aufgabe 3

___ von 4 P.

Einfacher Dreisatz mit ungeradem Verhältnis:

$$5 \text{ MFA} = 280{,}00 \frac{€}{\text{MFA}}$$

$$7 \text{ MFA} = x \frac{€}{\text{MFA}}$$

$$x = \frac{5 \text{ MFA} \cdot 280{,}00 \frac{€}{\text{MFA}}}{7 \text{ MFA}} = 200{,}00 \frac{€}{\text{MFA}}$$

gesunkene Mietkosten:

$$280{,}00 \frac{€}{\text{MFA}} - 200{,}00 \frac{€}{\text{MFA}} = 80{,}00 \frac{€}{\text{MFA}}$$

Aufgabe 4

___ von 3 P.

a) *Hinweis: Berechnen Sie zuerst die Differenz des Preises für eine Packung und des Preises für eine Packung bei Abnahme von 20 Packungen.*

$4{,}99\,€ - 4{,}24\,€ = 0{,}75\,€$

$4{,}99\,€ = 100\,\%$

$0{,}75\,€ = x\,\%$

$$x = \frac{0{,}75\,€ \cdot 100\,\%}{4{,}99\,€} = 15{,}03\,\%$$

___ von 3 P.

b) *Hinweis: Zu den Beförderungskosten zählen Rollgeld I, Verladekosten, Fracht, Entladekosten und Rollgeld II.*

ab Lager [6] Der Käufer bezahlt die gesamten Beförderungskosten.

unfrei [1] Der Verkäufer bezahlt das Rollgeld (Anfuhr) bis zur Versandstation.

frei Haus [3] Der Verkäufer bezahlt die gesamten Beförderungskosten.

___ von 1 P.

c) *Hinweis: Die gesetzliche Regelung zum Leistungszeitpunkt finden Sie im §271 (1) BGB.*

sofort

___ von 1 P.

d) *Hinweis: Die Lieferbedingung „sofort" ist ein unbestimmter Liefertermin. Damit Lieferverzug eintritt, muss dem Lieferanten bzw. der Lieferantin eine Mahnung zugehen.*

[4] mit Zugang der ersten Mahnung

___ von 1 P.

e) *Hinweis: Ein Unwetter stellt höhere Gewalt dar. Hier liegt kein Verschulden des Verkäufers vor.*

[2] keines

___ von 3 P.

f) *Hinweis: Beachten Sie, dass hier nur vorrangige Rechte möglich sind.*

- Neulieferung
- Nachbesserung
- evtl. Schadenersatz neben der Leistung, falls ein Schaden entsteht

___ von 2 P.

g) *Hinweis: Einen Punkt gibt es für die richtige Nennung des Rechts, einen zweiten für eine schlüssige Begründung.*

Neulieferung, da eine Nachbesserung (bzw. Reparatur) nicht möglich sein wird bzw. zu teuer wäre.

___ von 2 P.

h) *Hinweis: In diesem Fall macht der Rücktritt vom Kaufvertrag keinen Sinn, da dabei der nutzbare Teil der Ware auch zurückgegeben werden müsste. Schadenersatz statt der tatsächlichen Leistung ist nur bei einem tatsächlich entstandenen Schaden möglich. Dieser liegt hier aber nicht vor. Vergebliche Aufwendungen sind für Einweghandschuhe nicht realistisch.*

Minderung des Kaufpreises, da nur ein kleiner Teil der Lieferung betroffen und der Rest problemlos nutzbar ist.

Aufgabe 5

___ von 2 P. a) *Hinweis: Personenbezogene Daten sind all jene Informationen, die sich auf eine natürliche Person beziehen oder sich mittelbar auf eine Person beziehen lassen und somit dazu dienen, die Person zu identifizieren. Im Folgenden finden Sie Beispiele, wobei nur vier verlangt sind und Sie für jede Nennung 0,5 Punkte erhalten.*

- Name
- Geburtsdatum
- Geburtsort
- Adresse
- Augenfarbe
- Größe
- Sozialversicherungsnummer

___ von 2 P. b) Es handelt sich um einen Verstoß, da anderen Patientinnen und Patienten Einsicht in personenbezogene Daten möglich war.

___ von 2 P. c) Es handelt sich um einen Verstoß, da die im Wartezimmer sitzenden Personen erkennbar sind und somit personenbezogene Daten (Bild) veröffentlicht werden.

___ von 2 P. d) Hierbei handelt es sich um keinen Verstoß, da Dr. Weiser in die Veröffentlichung seiner personenbezogenen Daten einwilligt.

___ von 2 P. e) Dies ist ein Verstoß, da Patienteninnen und Patienten Einsicht in die personenbezogenen Daten anderer Patienteninnen und Patienten erhalten können.

___ von 5 P. f) Praxis 1: $75.000{,}00\ € : 5 = 15.000{,}00\ €$

Praxis 2: $75.000{,}00\ € \cdot 15{,}4 : 100 = 11.550{,}00\ €$

Praxis 3: $75.000\ € \cdot 26\frac{2}{3} : 100 = 20.000{,}00\ €$

Praxis 4: $75.000{,}00\ € : 10 = 7.500{,}00\ €$

Praxis Dr. Hader/Dr. Weiser:
$75.000{,}00\ € - 15.000{,}00\ € - 11.550{,}00\ € - 20.000{,}00\ € - 7.500{,}00\ € = 20.950{,}00\ €$

Aufgabe 6

___ von 3 P. a) *Hinweis: Auch andere Beispiele sind hier denkbar.*

- Angabe eindeutiger Zahlungstermine
- telefonische Erinnerung
- Ablehnung Behandlung in der Zukunft

___ von 1 P. b) Er befindet sich ab dem 16.11.2020 in Zahlungsverzug.

___ von 1 P. c) *Hinweis: Ab dem Ende des Jahres 2020 gilt eine regelmäßige Verjährungsfrist von 3 Jahren.*

Mit Ablauf des 31.12.2023.

___ von 1 P.

d) *Hinweis: Beachten Sie, dass nach wie vor das Rechnungsdatum und nicht die Mahnung für die Verjährungsfrist entscheidend ist.*

Mit Ablauf des 31.12.2023.

___ von 3 P.

e) *Hinweis: Pro richtige Zuordnung erhalten Sie 0,5 Punkte.*

Ablauf	Reihenfolge
Der Vollstreckungsbescheid wird ausgefertigt und zugestellt.	5
Dr. Hader stellt beim Amtsgericht den Antrag auf Erlass des Vollstreckungsbescheides.	4
Dr. Hader stellt beim zuständigen Amtsgericht den Antrag auf Erlass eines Mahnbescheids.	1
Der Mahnbescheid wird vom Amtsgericht erlassen und Herrn Bauer per Postzustellungsurkunde zugestellt.	2
Herr Bauer zahlt nicht und erhebt auch keinen Widerspruch.	3
Herr Bauer erhebt keinen Einspruch; nach Ablauf der Einspruchsfrist führt der Gerichtsvollzieher die Zwangsvollstreckung durch.	6

___ von 2 P.

f) *Hinweis: Die Grundlage finden Sie in* § 212 BGB.

Verjährungsende: 11.03.2024

Grund: Neubeginn der Verjährung

___ von 2 P.

g) *Hinweis: Die Grundlage finden Sie in* §§ 203–209 BGB.

Verjährungsende: 13.05.2024

Grund: Hemmung für den Zeitraum der Stundung

So viele Punkte habe ich erreicht: ________

So lange habe ich gebraucht: ________

Teil 3: Wirtschafts- und Sozialkunde

____ von 1 P.

Aufgabe 1

Hinweis: Nur Linda ist zu diesem Zeitpunkt schon 18 Jahre alt und somit volljährig.

[5] Linda, geboren 03.04.2003

____ von 1 P.

Aufgabe 2

[1] Für 4 € kann der bzw. die Auszubildende ein Mittagessen beim Metzger nebenan erhalten.

____ von 1 P.

Aufgabe 3

Hinweis: Unter charakterlicher Förderung versteht man hier die Erziehung zu objektiven Wertevorstellungen wie Pünktlichkeit, Fleiß und Sorgfalt sowie gemeinschaftsförderndem Sozialverhalten (siehe Kommentar zum Berufsbildungsgesetz).

[2] Sie müssen dafür sorgen, dass die Auszubildenden charakterlich gefördert werden.

____ von 1 P.

Aufgabe 4

Hinweis: Die Probezeit muss mindestens 1 Monat und maximal 4 Monate betragen.

[2] 2 Monate

____ von 1 P.

Aufgabe 5

[2] 25 Werktage Urlaub zu.

____ von 1 P.

Aufgabe 6

Hinweis: Nach § 11 Jugendarbeitsschutzgesetz (JArbSchG) dürfen Jugendliche nicht länger als viereinhalb Stunden hintereinander ohne Ruhepause beschäftigt werden.

[1] Um 13.30 Uhr

____ von 1 P.

Aufgabe 7

Hinweis: Nach § 4 Arbeitszeitgesetz (ArbZG) dürfen Arbeitnehmer nicht länger als sechs Stunden hintereinander ohne Ruhepause beschäftigt werden.

[4] Um 14.00 Uhr

____ von 1 P.

Aufgabe 8

[1] Das Betriebsverfassungsgesetzbuch

___ von 1 P.

Aufgabe 9

[4] Mitwirkung bei der Verhandlung der Tarifverträge

___ von 1 P.

Aufgabe 10

*Hinweis: An allen Sitzungen des Betriebsrates kann ein Vertreter der JAV teilnehmen. Werden Probleme der Jugendlichen oder Auszubildenden besprochen, kann die gesamte JAV teilnehmen. Betreffen die Beschlüsse im Betriebsrat hauptsächlich minderjährige Arbeitnehmer*innen oder Auszubildende, haben alle teilnehmenden JAV-Vertreter Stimmrecht.*

[4] An dieser Sitzung darf jedes JAV-Mitglied teilnehmen und hat dabei Stimmrecht.

___ von 1 P.

Aufgabe 11

*Hinweis: Nach dem Betriebsverfassungsgesetz § 1 Errichtung von Betriebsräten (1) sind in der Regel mindestens fünf ständige wahlberechtigte Arbeitnehmer*innen nötig, um einen Betriebsrat zu gründen.*

[3] Ein Betriebsrat kann nur eingerichtet werden, wenn im Betrieb mindestens fünf wahlberechtigte Arbeitnehmer*innen vorhanden sind.

___ von 1 P.

Aufgabe 12

Hinweis: Die anderen Personen besitzen keinen besonderen Kündigungsschutz, da …

- *der Schutz für Betriebsratsmitglieder nur bis zu einem Jahr nach Beendigung dieser Tätigkeit gilt.*
- *Frauen nur vier Monate nach der Entbindung nicht gekündigt werden dürfen.*
- *Schwerbehinderte mindestens sechs Monate im Betrieb sein müssen, bevor sie besonders geschützt sind.*
- *die Funktion „Prokuristin" keinen besonderen Kündigungsschutz rechtfertigt.*

[4] Markus Maier, 32 Jahre, ist seit zwei Jahren im Klinikum angestellt und derzeit in Elternzeit.

___ von 1 P.

Aufgabe 13

Hinweis: Ein „einfaches Zeugnis" macht zwar Angaben über die Dauer des Arbeitsverhältnisses, aber nicht über die Führung des Arbeitnehmers bzw. der Arbeitnehmerin.

[5] Ein „einfaches Zeugnis" macht Angaben über die Dauer des Arbeitsverhältnisses und die Führung des Arbeitnehmers bzw. der Arbeitnehmerin.

___ von 1 P.

Aufgabe 14

Hinweis:
Zu 1: Eine „Beitragsbemessungsgrenze“ ist nicht notwendig, da Arbeitgeber die Beiträge zur „Unfallversicherung“ allein aufbringen.
*Zu 2: Die Versicherungspflichtgrenze ist das Einkommen, ab dem sich Angestellte und Arbeiter*innen freiwillig gesetzlich oder privat versichern können. Sie steigt jährlich an.*
Zu 3/4: Die Beitragsbemessungsgrenze gibt an, bis zu welchem Betrag das Arbeitsentgelt eines oder einer gesetzlich Versicherten für Beiträge der gesetzlichen Sozialversicherung herangezogen wird. Der Teil des Einkommens, der die jeweilige Grenze übersteigt, bleibt für die Beitragsberechnung außer Betracht. Es gibt eine Grenze für die Renten- und Arbeitslosenversicherung und eine für die gesetzliche Kranken- und Pflegeversicherung.

[5] Bei der gesetzlichen Pflegeversicherung ist der gleiche Wert der Beitragsbemessungsgrenze wie bei der gesetzlichen Krankenversicherung zu beachten.

___ von 1 P.

Aufgabe 15

[3] Bruttolohn

___ von 1 P.

Aufgabe 16

[4] Die gesetzliche Unfallversicherung

___ von 1 P.

Aufgabe 17

Hinweis: Die gesetzliche Unfallversicherung wird von den Berufsgenossenschaften getragen. Die Beiträge zur gesetzlichen Unfallversicherung leistet allein der Arbeitgeber.

[4] Gesetzliche Unfallversicherung

___ von 1 P.

Aufgabe 18

[5] Der Tarifvertrag gilt für alle Arbeitnehmer und Arbeitgeber in einem Tarifgebiet.

___ von 2 P.

Aufgabe 19

Arbeitgeber und Betriebsrat arbeiten unter Beachtung der geltenden Tarifverträge vertrauensvoll zusammen. ▶ [5]

Der Urlaub beträgt jährlich mindestens 24 Wochentage. ▶ [4]

___ von 3 P.

Aufgabe 20

Frau Karpfen hat eine ungerechtfertigte Kündigung erhalten. ▶ [5]

Frau Karpfen glaubt, ihre Krankenkasse habe das Krankengeld zu niedrig bemessen. ▶ [1]

Frau Karpfens Sonderausgaben wurden nicht anerkannt. ▶ [2]

____ von 1 P.

Aufgabe 21

3 Legislative

____ von 1 P.

Aufgabe 22

1 Bundeskanzler*in

____ von 1 P.

Aufgabe 23

3 Der Bundestag

____ von 1 P.

Aufgabe 24

2 einer Rezession.

____ von 1 P.

Aufgabe 25

2 Expansion

____ von 1 P.

Aufgabe 26

3 Auf- und Abschwungphasen der Wirtschaft

____ von 1 P.

Aufgabe 27

Hinweis:
Zu 1: Steigen die Löhne stärker als der Produktivitätsfortschritt, so kann eine Lohn-Preis-Spirale entstehen. Die höheren Produktionskosten durch höhere Löhne kompensieren die Unternehmen mit steigenden Verkaufspreisen.
Zu 2: Steigt die Geldmenge mehr als die Gütermenge, so erhöht sich das Preisniveau.
Zu 3: Sinkt der Euro im Vergleich zum Dollar, so können amerikanische Importeure günstiger deutsche Produkte erwerben. Dies führt zu einem erhöhten Export in Deutschland, was eine importierte Inflation zur Folge haben kann, da die Gütermenge in Deutschland abnimmt, die Geldmenge jedoch durch die Zahlungen der amerikanischen Importeure zunimmt.
Zu 4: Eine Erhöhung der Staatsausgaben, z. B. für die Verkehrsinfrastruktur, steigert die gesamtwirtschaftliche Nachfrage. Dies führt zu einem steigenden Preisniveau.
Zu 5: Steigt die Sparquote, so fällt automatisch die Konsumquote, sodass die gesamtwirtschaftliche Nachfrage sinkt. Dies führt zu einem sinkenden Preisniveau.

5 Die pessimistische Einschätzung der weiteren gesamtwirtschaftlichen Entwicklung durch die privaten Haushalte führt zur Erhöhung der Sparquote.

So viele Punkte habe ich erreicht: ________

So lange habe ich gebraucht: ________

100 Punkte
90 Minuten

Teil 1: Behandlungsassistenz

Aufgabe 1

Frau Schuster, 45 Jahre alt, kommt zur Masernimpfung in die Praxis. Sie arbeitet als Erzieherin in einem Kindergarten. Sie ist als Kind nicht geimpft worden und sieht diese Impfung eher kritisch. Durch das Masernschutzgesetz ist sie nun aber zur Impfung verpflichtet.

1 Punkt a) Bei Masern handelt es sich um eine hoch ansteckende Infektionskrankheit. Durch welche Erreger werden Masern verursacht?

1 Punkt b) Welches Symptom gehört **nicht** zu den typischen Masernsymptomen?

1 Konjunktivitis

2 flüssigkeitsgefüllte Bläschen auf der Haut

3 fleckiges Exanthem ▶ ☐

4 Ausschlag im Bereich der Mundschleimhaut

5 Fieber

1 Punkt c) Über welchen typischen Übertragungsweg werden die Erreger von Masern übertragen?

3 Punkte d) Sie erklären Frau Schuster, dass Masern mit schweren Komplikationen einhergehen können. Nennen Sie drei schwerwiegende Komplikationen.

1 Punkt e) Die Inkubationszeit bei Masern beträgt ca. 8–12 Tage.
Was bedeutet „Inkubationszeit"?

1 Punkt

f) Die Masernimpfung erfolgt als Kombinationsimpfung. In welcher Kombination erfolgt die Masernimpfung normalerweise?

1 Masern – Meningokokken – Röteln

2 Masern – Mumps – Rotaviren

3 Tetanus – Masern – Pertussis ▶ ☐

4 Masern – Mumps – Röteln – ggf. Varizellen

5 Masern – Meningokokken – Rotaviren – ggf. Varizellen

1 Punkt

g) Zu welcher Art von Prävention gehört eine aktive Immunisierung?

____

6 Punkte

h) Man unterscheidet die aktive von der passiven Immunisierung. Ordnen Sie zu, ob es sich um eine aktive oder eine passive Immunisierung handelt, indem Sie die Kennziffern in das jeweilige Kästchen eintragen.

1 aktive Immunisierung	Gabe von Antikörpern	▶ ☐
2 passive Immunisierung	Gabe von Antigenen	▶ ☐
	Schutz hält u. U. lebenslang	▶ ☐
	sofortiger Impfschutz vorhanden	▶ ☐
	Gabe von Toxoiden	▶ ☐
	Organismus bildet erst Antikörper	▶ ☐

2 Punkte

i) Wo werden Impfstoffe gelagert? Was ist dabei zu beachten?

____

____

____

____

1 Punkt

j) Im Impfpass muss Verschiedenes dokumentiert werden. Welche Aussage ist **falsch**?

1 Das Datum der Impfung ist einzutragen.

2 Bezeichnung und Chargennummer des Impfstoffs sind einzutragen.

3 Es muss eingetragen sein, gegen welche Krankheit geimpft wurde. ▶ ☐

4 Name und Unterschrift der bzw. des impfenden MFA ist zu notieren.

5 Name und Anschrift des impfenden Arztes bzw. der impfenden Ärztin müssen dokumentiert sein.

6 Punkte

k) Welche der folgenden Infektionskrankheiten sind viral, welche bakteriell bedingt? Ordnen Sie richtig zu, indem Sie die Kennziffern in das jeweilige Kästchen eintragen.

[1] viral

[2] bakteriell

Tetanus ▶ ☐

Röteln ▶ ☐

Varizellen ▶ ☐

Diphtherie ▶ ☐

Pertussis ▶ ☐

Mumps ▶ ☐

Aufgabe 2

Herr Sommer ruft am 23.06. aufgeregt in der Praxis an. Es ist bereits kurz nach 19 Uhr. Er bittet um einen sofortigen Hausbesuch. Seine Frau ist soeben im Garten von einer Biene gestochen worden. Sie kann sich vor Schwindel nicht mehr auf den Beinen halten und „ihr Gesicht ist angeschwollen“. Herr Sommer berichtet, dass seine Frau allergisch gegen Bienengift sei, allerdings kann er ihr Notfallset nicht finden.

1 Punkt

a) Wie nennt man den lebensgefährlichen, allergischen Schock mit Fachbegriff?

____

1 Punkt

b) Welche Aussage zu Allergien ist **falsch**?

[1] Es kann jede eiweißhaltige Substanz zum Allergen werden.

[2] Es gibt u. a. eine allergische Sofortreaktion, aber auch eine allergische Spätreaktion.

[3] Bereits beim ersten Kontakt mit dem Allergen kann eine allergische Reaktion erfolgen. ▶ ☐

[4] Als Allergie bezeichnet man eine überschießende Reaktion des Immunsystems.

[5] Wer gegen Bienengift allergisch ist, muss nicht gegen Wespengift allergisch sein.

3 Punkte

c) Welche Zellen bzw. Stoffe spielen bei einer allergischen Reaktion eine zentrale Rolle?

[1] Erythrozyten

[2] Immunglobuline E (IgE) ▶ ☐

[3] Thrombozyten ▶ ☐

[4] Mastozyten ▶ ☐

[5] Basophile Granulozyten

Frau Dr. Hader verlässt sofort die Sprechstunde und fährt mit der Notfallausrüstung zu Familie Sommer (Wegstrecke 3 km, erster Arzt-Patienten-Kontakt im Quartal). Frau Sommer liegt auf der Couch. Sie ist bei Bewusstsein, allerdings bekommt sie schwer Luft. Sie klagt über massiven Schwindel. Ihre Augenlider und Lippen sind ödematös geschwollen. Frau Dr. Hader überprüft sofort Blutdruck und Puls. Anschließend hört sie die Lunge ab.

1 Punkt

d) Mit den Werten aus Blutdruck und Puls lässt sich der sog. „Schockindex" berechnen. Welche Aussage trifft zu? Wählen Sie die richtige Kombination.

Aussagen:	Kombinationen:
a Der Schockindex ergibt sich aus dem Quotienten von Herzfrequenz: systolischen RR-Wert	1 b – c
b Der Schockindex ergibt sich aus dem Quotienten von Herzfrequenz: diastolischen RR-Wert	2 b – d
c Schockindex < 1 bedeutet: „drohender Schock"	3 a – e
d Schockindex > 1 bedeutet: „manifester Schock"	4 a – c
e Schockindex = 1 bedeutet: „physiologisch"	5 a – d

▶ ☐

Frau Dr. Hader bringt die Patientin in Schocklage und legt einen venösen Zugang, um die Notfallmedikation intravenös zu verabreichen.

2 Punkte

e) Wie bringt Frau Dr. Hader die Patientin in Schocklagerung? Erklären Sie kurz.

Obwohl es Frau Sommer nach Verabreichung der Notfallmedikamente wieder besser geht, ruft Frau Dr. Hader den Notarzt, der die weitere Versorgung übernimmt. Die Patientin wird zur Beobachtung in die Klinik eingewiesen.
Am 07.07. erscheint Frau Sommer gut erholt in der Sprechstunde. Sie möchte ein Rezept für ein neues Notfallset. Sie vermutet außerdem, dass sie gegen weitere Substanzen allergisch reagiert und bittet daher um eine entsprechende Diagnostik.

2 Punkte

f) Nennen Sie zwei Hauttests zur allergologischen Diagnostik.

1 Punkt g) Das Notfallset für Frau Sommer enthält zwei verschiedene Fläschchen mit Tropfen und einen Injektions-Pen. Welche Wirkstoffe enthalten diese Medikamente? Wählen Sie die richtige Kombination.

Aussagen:	Kombinationen:
a Ibuprofen	1 a – b – e
b Adrenalin	2 b – d – e
c Acetylsalicylsäure (ASS)	3 a – b – c
d Kortikosteroide	4 c – d – e
e Antihistaminikum	5 a – b

▶ ☐

1 Punkt h) Die Injektion im Notfall sollte in den Musculus vastus lateralis erfolgen. Welcher Muskel ist der M. vastus lateralis? Notieren Sie die richtige Ziffer.

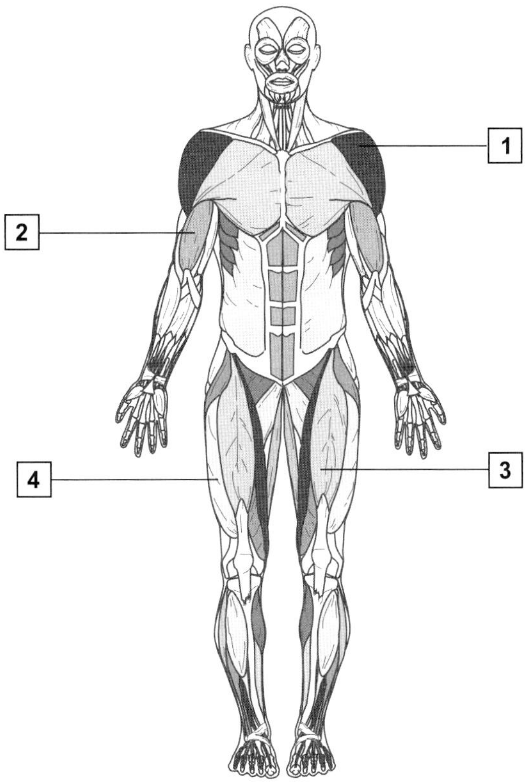

M. vastus lateralis ▶ ☐

1 Punkt i) Welche **ursächliche** Therapiemöglichkeit gibt es für Allergiker?

____

5 Punkte j) Rechnen Sie den gesamten Fall ab.

23.06.: ____

07.07.: ____

Aufgabe 3

Der 19-jährige Herr Tolgay kommt am Montagvormittag in die Sprechstunde zu Herrn Dr. Weiser. Er erzählt, dass er gestern bei einem Fußballspiel mit dem linken Fuß umgeknickt sei. Zunächst habe er versucht, weiterzuspielen. Die Schmerzen wurden allerdings so stark, dass er abbrechen musste. Aufgrund der anhaltenden Schmerzen und der starken Schwellung am Sprunggelenk hat sich der Patient entschieden, zum Arzt zu gehen.

4 Punkte a) Ordnen Sie die Ziffern der Abbildung entsprechend zu.

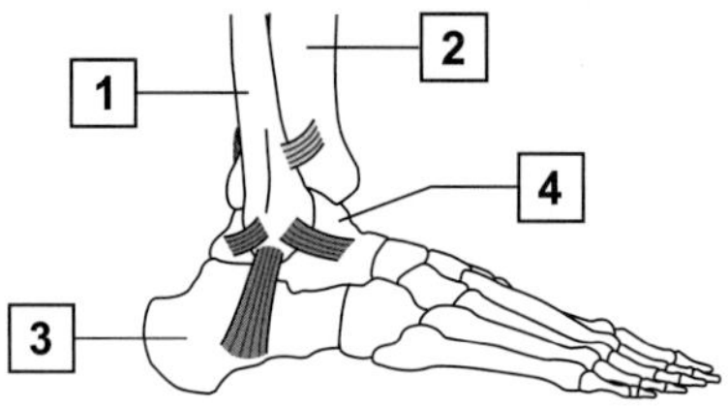

Calcaneus ▶ ☐

Talus ▶ ☐

Fibula ▶ ☐

Tibia ▶ ☐

1 Punkt b) Wie nennt man den Verletzungsmechanismus des Umknickens in der Fachsprache?

____

4 Punkte c) Bei der Erstversorgung einer Sportverletzung sollte man normalerweise nach der PECH-Regel vorgehen. Wofür steht PECH?

P: ______________________________

E: ______________________________

C: ______________________________

H: ______________________________

Herr Dr. Weiser untersucht das linke Sprunggelenk eingehend. Er vermutet eine Distorsion im oberen Sprunggelenk mit einer Ruptur eines der lateralen Bänder im Sprunggelenk, glaubt aber nicht, dass eine Fraktur vorliegt.

4 Punkte d) Übersetzen Sie die Fachbegriffe.

Distorsion: ______________________________

Ruptur: ______________________________

Fraktur: ______________________________

lateral: ______________________________

3 Punkte e) Nennen Sie drei sichere Frakturzeichen.

____

____

____

Herr Dr. Weiser erklärt dem Patienten, dass er das Sprunggelenk im schmerzfreien Bereich bewegen und belasten soll. Sie bereiten ein Rezept für eine Sprunggelenksorthese vor, welche der Patient die nächsten 6 Wochen Tag und Nacht tragen muss. Gegen die Schmerzen bzw. Entzündung verschreibt Dr. Weiser außerdem Ibuprofen 600 mg Tabletten. Der Patient soll abschwellende Maßnahmen durchführen und sich in einigen Tagen wieder vorstellen.

1 Punkt f) Welches Formular bereiten Sie für die Verordnung der Orthese vor?

1 Punkt g) Welche Sonderkennzeichnung müssen Sie bei der Verordnung einer Orthese auf dem Formular vornehmen bzw. welches Feld müssen Sie kennzeichnen?

1 Punkt h) Wie lange hat der Patient Zeit, das Rezept einzulösen?

1 Punkt i) Ibuprofen gehört zu den entzündungshemmenden Medikamenten. Wie nennt man Entzündungshemmer mit Fachbegriff?

Herr Tolgay kommt einige Tage später wie vereinbart in die Sprechstunde. Er berichtet, dass sich die Beschwerden rasch bessern. Da er Sportler ist, möchte er möglichst schnell wieder fit werden. Dr. Weiser stellt ein Rezept für Physiotherapie aus.

1 Punkt j) Welches Formular verwenden Sie für die Verordnung von Physiotherapie?

Aufgabe 4

Frau Wiese ruft am Dienstag gegen Ende der Vormittagssprechstunde an. Sie berichtet, dass ihre 14-jährige Tochter Agnes seit Sonntag an massiven Durchfällen und Erbrechen leide. Agnes fühle sich so schwach, dass sie nur noch aus dem Bett aufsteht, um auf das WC zu gehen. Daher bittet Frau Wiese um einen Hausbesuch.
Die Anamnese ergibt, dass Agnes am Sonntag bei einem Sommer-Grillfest war. Auch mehrere Freundinnen, die ebenfalls auf der Party waren, sind mit den gleichen Symptomen erkrankt. Frau Dr. Hader möchte abklären, ob es sich dabei um eine Salmonellose handelt.

2 Punkte a) Nennen Sie zwei Speisen bzw. Lebensmittel, die häufiger mit Salmonellen belastet sind.

1 Punkt

b) Nennen Sie eine Laboruntersuchung, mit der Frau Dr. Hader feststellen kann, ob es sich um eine Salmonellenvergiftung handelt.

____

____

Aufgrund des häufigen Erbrechens und des Durchfalls hat Agnes einen ziemlichen Flüssigkeitsverlust erlitten und ist dehydriert. Sie klagt über Schwindel. Frau Dr. Hader legt einen venösen Zugang und verabreicht eine Ringerlösung, um den Flüssigkeits- und Elektrolytverlust zu kompensieren. Außerdem bekommt sie eine Infusion mit Glucose 5 %.

3 Punkte

c) Ordnen Sie die folgenden Fachbegriffe korrekt zu.

1 Diarrhoe
2 Nausea
3 Kachexie
4 Emesis
5 Exsikkose

Durchfall ▶ ☐
Erbrechen ▶ ☐
Austrocknung ▶ ☐

4 Punkte

d) Nennen Sie vier Elektrolyte im menschlichen Körper.

____

____

1 Punkt

e) Welche Aussage zur Meldepflicht ist richtig?

1 Salmonellose ist nicht meldepflichtig.
2 Salmonellose ist meldepflichtig, aber nicht namentlich.
3 Schon der Verdacht auf Salmonellose ist namentlich meldepflichtig, wenn mehrere Personen erkrankt sind oder die Person im Lebensmittelbereich arbeitet.
4 Eine nachgewiesene Salmonellose ist nur dann namentlich meldepflichtig, wenn die Person in einem Lebensmittelbereich arbeitet.
5 Schon der Verdacht auf Salmonellose ist immer meldepflichtig, aber nicht namentlich.

▶ ☐

Im weiteren Verlauf muss die Familie wichtige Hygieneregeln beachten, damit sich nicht weitere Familienmitglieder anstecken. So müssen sich alle zwingend nach jedem Toilettengang gründlich die Hände waschen. Falls ein Händedesinfektionsmittel im Haushalt vorrätig ist, können die Hände desinfiziert statt gewaschen werden. Potenziell kontaminierte Gegenstände (z. B. das WC) müssen gereinigt bzw. desinfiziert werden. Agnes darf bis auf Weiteres keine Lebensmittel zubereiten.

1 Punkt f) Welche Aussage zur hygienischen Händedesinfektion ist **falsch**?

1 Bei Kontamination sollte man sich zuerst die Hände desinfizieren, danach ggf. waschen.

2 Bei der hygienischen Händedesinfektion müssen die Herstellerangaben zur Einwirkzeit beachtet werden.

3 Bei korrekter hygienischer Händedesinfektion werden alle Keime abgetötet. ▶ ☐

4 Eine hygienische Händedesinfektion läuft grundsätzlich in sechs Schritten ab.

5 Viruzide Desinfektionsmittel machen Viren unschädlich.

1 Punkt g) Wie geht man bei einer Flächenwischdesinfektion vor?

Agnes Zustand scheint sich nach Verabreichung der Infusionen langsam zu stabilisieren. Frau Dr. Hader empfiehlt der Patientin, wenn möglich gesüßten Tee und klare, gesalzene Brühe in kleinen Portionen zu sich zu nehmen. Um eine engmaschige Kontrolle zu gewährleisten, soll sich Frau Wiese am Nachmittag oder bei Verschlechterung des Zustands sofort telefonisch melden. Frau Dr. Hader plant bis auf Weiteres tägliche Hausbesuche. Unter anderem muss eine Appendizitis differenzialdiagnostisch ausgeschlossen werden.

1 Punkt h) Was versteht man unter einer Appendizitis (deutsche Übersetzung)?

---

3 Punkte i) Ordnen Sie die Ziffern der Abbildung entsprechend zu.

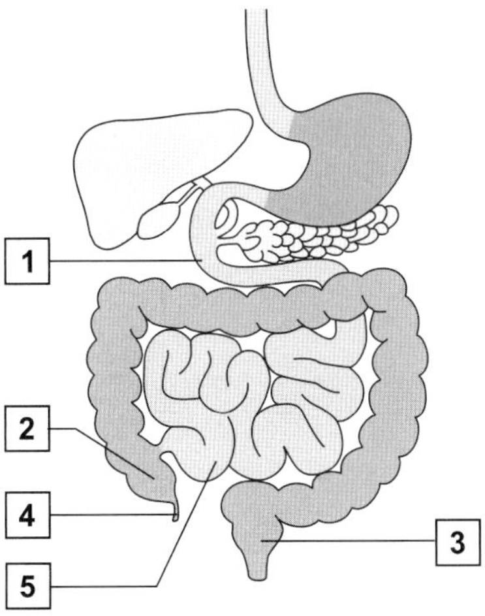

Blinddarm (Caecum) ▶ ☐

Mastdarm/Enddarm (Rektum) ▶ ☐

Wurmfortsatz (Appendix vermiformis) ▶ ☐

10 Punkte

Aufgabe 5

Der privat versicherte Herr Patil kommt in die Praxis zur Gesundheitsuntersuchung. Herr Patil ist in der Praxis wegen seiner arteriellen Hypertonie bekannt. Alle notwendigen Laboruntersuchungen für die GU werden in der Praxis durchgeführt, die GU wird am gleichen Tag abgeschlossen. Herr Dr. Weiser veranlasst außerdem eine Langzeit-RR-Messung, das Gerät bringt Herr Patil am nächsten Tag wieder. Nun werden auch die aufgezeichneten RR-Werte besprochen.

Rechnen Sie die erbrachten Leistungen ab.

Tag 1: ______________________________

Tag 2: ______________________________

10 Punkte

Aufgabe 6

Frau Rahmanovic (privat versichert) kommt mit einer großen, klaffenden, stark blutenden Schnittwunde am rechten Unterschenkel in die Praxis. Sie ist in eine Glasscherbe gestürzt und hat sich selbst einen Notverband angelegt. Frau Dr. Hader reinigt die Wunde und versorgt sie mit einer Naht in Lokalanästhesie (Infiltration). Sie legen einen zirkulären Verband an. Frau Dr. Hader untersucht die Patientin außerdem eingehend nach weiteren Verletzungen bzw. Schmerzen am Bewegungsapparat und rät ihr, das Bein zunächst zu entlasten.
Zwei Tage später erscheint die Patientin zur Wundkontrolle und zum Verbandswechsel. Die Ärztin untersucht die Patientin symptombezogen. Die Wunde ist reizlos, der Heilungsverlauf ist auch in den folgenden Tagen komplikationslos. 10 Tage nach dem Unfall entfernt Frau Dr. Hader die Fäden, erklärt der Patientin, wie sie die Narbe pflegen kann, und gibt ihr weitere Verhaltenstipps.

Rechnen Sie die erbrachten Leistungen ab.

Tag 1: ______________________________

Tag 2: ______________________________

Tag 3: ______________________________

75 Punkte
90 Minuten

Teil 2: Betriebsorganisation und -verwaltung

Aufgabe 1

Frank Klein beginnt demnächst seine Ausbildung zum Medizinischen Fachangestellten in der Allgemeinarztpraxis Dr. med. Stefanie Hader/Dr. med. Gregor Weiser. Bei dem Termin zur Vertragsunterzeichnung fallen viele neue Begriffe, die Frank noch nicht kennt, und er informiert sich.

1 Punkt

a) Franks Ausbildung beginnt am 1. August. Frau Dr. Hader möchte eine möglichst kurze Probezeit mit ihm vereinbaren. Wann ist das Datum für das früheste mögliche Ende der Probezeit?

1 Punkt

b) In welchem Gesetz kann Frank die Bestimmungen zur Probezeit recherchieren (keine Abkürzung)?

1 Punkt

c) Herr Dr. Weiser teilt Frank mit, dass seine Ausbildungsvergütung nach Tarifvertrag bezahlt wird. Wie heißt der Tarifvertrag, der Franks Ausbildungsvergütung regelt?

2 Punkte

d) Nennen Sie zwei weitere Regelungen, die in diesem Tarifvertrag noch zu finden sind.

2 Punkte

e) Welche der folgenden Tarifverträge gibt es für Medizinische Fachangestellte?

1 Urlaubstarifvertrag

2 Tarifvertrag zur betrieblichen Altersversorgung und Entgeltumwandlung ▶ ☐

3 Pausentarifvertrag ▶ ☐

4 Rententarifvertrag für Frührente und Altersteilzeit

5 Manteltarifvertrag

3 Punkte

f) Frank hat einen 3-jährigen Ausbildungsvertrag erhalten. Er möchte wissen, ob dieser auch von vornherein verkürzt werden kann. In welchen Fällen ist dies möglich?

1 Punkt

g) Frank möchte wissen, ob er die Ausbildung fortsetzen kann, wenn er die Abschlussprüfung nicht beim ersten Mal besteht. Welche Aussage ist richtig?

1 Die Ausbildung kann nicht fortgesetzt werden.

2 Der Ausbildungsvertrag wird verlängert, wenn Frank zustimmt.

3 Der Ausbildungsvertrag wird auf Verlangen von Frank um ein Jahr verlängert. ▶ ☐

4 Die Abschlussprüfung kann nur ein Mal wiederholt werden.

5 Die Abschlussprüfung kann Frank so oft er möchte wiederholen.

3 Punkte

h) Frank verdient im ersten Ausbildungsjahr 805,00 € brutto für eine wöchentliche Arbeitszeit von 38,5 h. Wie viel würde er verdienen, wenn er eine Teilzeitausbildung mit 25 h/Woche vereinbart hätte? Bitte geben Sie das Bruttoeinkommen in Euro an.

Aufgabe 2

Frank Klein arbeitet nun bereits mehrere Monate in der Praxis. Er lernt schnell dazu und wird immer tiefer in die Verwaltungsprozesse eingearbeitet.

3 Punkte

a) Bei der Aufbewahrung von Dokumenten gibt es gesetzliche Aufbewahrungsfristen. Ordnen Sie jedem Dokument die richtige Aufbewahrungsfrist zu, indem Sie die richtige Zahl (Fettdruck) in das Kästchen eintragen.
1 Jahr, **3** Jahre, **5** Jahre, **10** Jahre, **15** Jahre, **30** Jahre

BTM-Rezeptdurchschrift ☐

Patientenakte ☐

Aufzeichnungen über Röntgenstrahlenbehandlung ☐

Durchschlag der Arbeitsunfähigkeitsbescheinigung ☐

Röntgenbilder bei einem Durchgangsarzt ☐

Dokumentation der Gesundheitsuntersuchung ☐

2 Punkte

b) Erklären Sie die Besonderheit bei der Aufbewahrungsfrist einer Quittungsdurchschrift einer IGeL-Leistung.

1 Punkt

c) Ein Schulfreund von Frank kommt in die Praxis. Er freut sich sehr, Frank anzutreffen, und bittet ihn, das Aufklärungsgespräch für eine anstehende Operation zu führen, damit er schnell wieder gehen kann. Begründen Sie, ob dies möglich ist.

3 Punkte

d) In welchen drei Fällen kann auf ein Aufklärungsgespräch verzichtet werden?

3 Punkte

e) Obwohl Frank noch nicht volljährig ist, darf er im Rahmen seiner Ausbildung rechtswirksam Rechtsgeschäfte abschließen und z. B. Bestellungen für die Praxis tätigen. Beurteilen Sie die folgenden Rechtsgeschäfte.

Rechtsgeschäft:	wirksam	unwirksam	schwebend unwirksam
Frank bekommt von seiner Großmutter 500,00 € zu seinem Geburtstag geschenkt.	☐	☐	☐
Frank kauft sich von den 500,00 € ein neues Smartphone auf Raten.	☐	☐	☐
Frank kauft sich von den 500,00 € einen Bluetooth-Lautsprecher.	☐	☐	☐

1 Punkt

f) In Franks Ausbildungspraxis wird das Recall-Verfahren eingeführt. Erklären Sie dieses kurz.

1 Punkt

g) Welche Voraussetzung gibt es für die Anwendung des Recall-Verfahrens?

3 Punkte

h) In einer Woche werden am Montag 5 Patienten bzw. Patientinnen für das Recall-Verfahren ausgewählt, am Dienstag 8, am Mittwoch 3, am Donnerstag 10 und am Freitag 4.
Wie viele Patienten bzw. Patientinnen wurden durchschnittlich pro Tag in dieser Woche ausgewählt?

Aufgabe 3

Frank Klein überprüft den Vorrat an Flächendesinfektionsmitteln. Er stellt fest, dass dringend nachbestellt werden muss. Daraufhin ruft er bei der MediBedarf GmbH an. Herr Fischer teilt ihm telefonisch mit, dass er einen Preis von 3,49 € pro 500 *ml* Flasche anbieten kann. Frank weiß nicht, ob er das Angebot annehmen kann, und antwortet, dass er am nächsten Tag zurückruft.

2 Punkte a) Am nächsten Tag kann Frank Herrn Fischer telefonisch nicht erreichen und teilt ihm per E-Mail mit, dass er das Angebot annimmt und 500 Flaschen zu je 3,99 € bestellt. Begründen Sie, ob ein Kaufvertrag zustande gekommen ist.

1 Punkt b) Wie kommt ein Kaufvertrag allgemein zustande?

1 Punkt c) Welchen Teil des Kaufvertragsabschlusses hat Frank durch seine E-Mail getätigt?

4 Punkte d) Welche Pflichten gehen die MediBedarf GmbH und die Praxis Dr. Hader/Dr. Weiser durch Abschluss eines Kaufvertrages ein?

5 Punkte e) Die Ware und die Rechnung sind am 14.04.2020 pünktlich eingegangen. Der Rechnungsbetrag lautet über 1.995,00 €. Folgende Zahlungsbedingung findet sich in der Rechnung:
„Zahlbar innerhalb von 12 Tagen mit Abzug von 3 % Skonto oder 30 Tage netto Kasse. Bei Zahlungsverzug fallen 6 % Verzugszinsen an."
Berechnen Sie den Überweisungsbetrag für eine Zahlung am ...
1. 24.04.2020:

2. 10.05.2020:

3. 17.06.2020:

Ein Privatpatient hat seine Rechnung (Zahlungstermin: 20.06.) von 440,00 € trotz Mahnung nicht bezahlt.

3 Punkte

f) In der letzten Mahnung am 20.08. stellen Sie den Betrag von 455,60 € incl. Verzugszinsen und 10,00 € Mahngebühren in Rechnung.
Welchen Zinssatz haben Sie zugrunde gelegt?

Aufgabe 4

Die Praxis möchte ihr Marketing neu gestalten. In einer Teambesprechung werden deshalb Vorschläge gesammelt.

2 Punkte

a) Der Begriff „Corporate Identity" ist für das Marketing wichtig. Erklären Sie diesen.

2 Punkte b) Nennen Sie vier Beispiele, wie eine Praxis Corporate Identity umsetzen kann.

1 Punkt c) Nennen Sie zwei Beispiele, wie die Praxis Werbung machen kann.

Für den Empfang der Praxis soll das erworbene QM-Originalzertifikat der letzten Zertifizierung gerahmt werden.

3 Punkte d) Wie versenden Sie das Zertifikat (DinA4) als Brief, sodass Sie eine Bestätigung erhalten, dass es den Rahmenbauer persönlich erreicht hat? Berechnen Sie die Portokosten.

Preise für Briefdienste:				**Zusatzleistungen:**	
Standardbrief	bis	20 g	0,85 €	Einschreiben	2,65 €
Kompaktbrief	bis	50 g	1,00 €	Rückschein	2,20 €
Großbrief	bis	500 g	1,60 €	Eigenhändig	2,20 €
Maxibrief	bis	1.000 g	2,75 €	Einschreiben Einwurf	2,35 €

Daten nach: Deutsche Post AG, Stand: Januar 2023

Die Digitalisierung in der Praxis Dr. Hader/Dr. Weiser schreitet weiter voran. Auch das sogenannte „E-Health-Gesetz“ (Gesetz für sichere digitale Kommunikation und Anwendungen im Gesundheitswesen) muss in der Praxis umgesetzt werden. Dieses Gesetz macht es möglich, dass Patienten bzw. Patientinnen in Zukunft mit ihrer elektronischen Gesundheitskarte neue Dienste in Anspruch nehmen können. Hierzu braucht es eine „Datenautobahn“, die sogenannte Telematikinfrastruktur.

2 Punkte e) Wozu dient das „E-Health-Gesetz"?

4 Punkte f) Nennen Sie vier Bereiche der Telematik.

1 Punkt g) Wer entscheidet, welche Daten über die elektronische Gesundheitskarte abrufbar sind?

2 Punkte h) Erklären Sie das „Zwei-Schlüssel-Prinzip" zur Wahrung des Datenschutzes bei der Telematik.

Aufgabe 5

Sie stehen nun kurz vor dem Ende Ihrer Ausbildung. Dr. Hader und Dr. Weiser bieten Ihnen an, einen Arbeitsvertrag als MFA zu unterschreiben.

6 Punkte a) Sie vergleichen Ihren bisherigen Ausbildungsvertrag mit den möglichen Vertragsinhalten des Arbeitsvertrages.

	Ausbildungsvertrag	**Arbeitsvertrag**
… Dauer der Probezeit		
… Form des Abschlusses		
… Vertragsdauer		

2 Punkte

b) Welche der folgenden Inhalte müssen im Arbeitsvertrag als Mindestinhalte vorhanden sein?

Dauer des Jahresurlaubs ☐

Bankverbindung des Arbeitnehmers ☐

Höhe des Arbeitsentgelts ☐

Beginn und Ende des Arbeitstages ☐

Sie bereiten dieses Jahr zum ersten Mal eine Einkommensteuererklärung vor, da Sie wissen, dass Sie Steuern zurückbekommen können, wenn Sie einen Teil des Jahres Auszubildende*r und den restlichen Teil Arbeitnehmer*in waren.

1 Punkt

c) Welche Einkunftsart erhalten Sie aus Ihrer Arbeit als MFA?

1 Einkünfte aus selbstständiger Arbeit

2 Einkünfte aus Land- und Forstwirtschaft

3 Einkünfte aus Vermietung und Verpachtung ▶ ☐

4 Einkünfte aus nichtselbstständiger Arbeit

5 Einkünfte aus Kapitalvermögen

2 Punkte

d) Ordnen Sie Ihre Ausgaben dem richtigen Bereich der Einkommenssteuererklärung zu, indem Sie die passenden Buchstaben eintragen.
W = Werbungskosten, **S** = Sonderausgaben, **A** = Außergewöhnliche Belastungen, **N** = Nicht abzugsfähige Ausgaben

Erbschaftssteuer	
Bewerbungsmappe	
Kosten für eine Kur	
Spenden an Amnesty International	

30 Punkte
30 Minuten

Teil 3: Wirtschafts- und Sozialkunde

1 Punkt

Aufgabe 1

Frau Larissa Fenzl (17 Jahre) beginnt ihre Ausbildung zur MFA zum 1. September. Im Ausbildungsvertrag wurde eine Probezeit von 3 Monaten festgelegt. Wann würde ihre Probezeit enden, wenn die Ausbildung ohne Unterbrechung fortgeführt wird?

1 29. November
2 30. November
3 31. November ▶ ☐
4 1. Dezember
5 2. Dezember

1 Punkt

Aufgabe 2

Die Arbeitszeit für Auszubildende unter 18 Jahren ist genau festgelegt. Welche der Arbeitszeiten entspricht **nicht** den Vorschriften des Jugendarbeitsschutzgesetzes?

1 Frau Fenzl arbeitet an einem Tag 8 Stunden, die erste Pause findet nach 4 Stunden statt.

2 Die Arbeitszeit von Frau Fenzl ist von 11.00 Uhr bis 20.00 Uhr; um 15.00 Uhr macht sie eine Stunde Pause.

3 Am Freitag arbeitet Frau Fenzl nur von 8.00 Uhr bis 13.00 Uhr. Sie macht ihre halbstündige Pause um 12.30 Uhr, um früher gehen zu können. ▶ ☐

4 Frau Fenzl arbeitet an einem Tag 8 Stunden; sie teilt ihre Pause in jeweils eine halbe Stunde nach 4 Stunden Arbeit auf.

5 Am Montag beginnt Frau Fenzl um 9.00 Uhr, sie macht um 13.00 Uhr eine Stunde Pause und arbeitet dann bis 18.00 Uhr.

1 Punkt

Aufgabe 3

Welche Festlegung gehört **nicht** zum Mindestinhalt eines Berufsausbildungsvertrags?

1 Beginn und Dauer der Berufsausbildung
2 Dauer der regelmäßigen täglichen Arbeitszeit
3 Dauer der Probezeit ▶ ☐
4 Dauer des Urlaubs
5 Pausenregelung

1 Punkt

Aufgabe 4

Frau Fenzl (17 Jahre) stellt schon nach kurzer Zeit fest, dass die Ausbildung zur MFA nicht ihren Erwartungen entspricht, und sie will während der Probezeit kündigen. Welche Aussage trifft zu?

1 Sie kann ohne Angabe von Gründen mit der Einwilligung ihrer Eltern fristlos schriftlich kündigen.

2 Sie kann nur mit einer Frist von 4 Wochen und unter Angabe der Gründe schriftlich kündigen.

3 Sie kann mündlich ohne Angabe von Gründen kündigen. ▶ ☐

4 Sie kann mündlich oder schriftlich mit der Einwilligung ihrer Eltern und einer Frist von 2 Wochen kündigen.

5 Sie kann mündlich ohne Einwilligung ihrer Eltern fristlos kündigen.

1 Punkt

Aufgabe 5

Ihr Freund John (geboren am 04.02.2004) ist 2021 im 2. Ausbildungsjahr zum MFA. Wie viele Urlaubstage erhält er mindestens im Jahr 2021 gemäß Jugendarbeitsschutzgesetz?

1 27 Werktage

2 26 Werktage

3 25 Werktage ▶ ☐

4 24 Werktage

5 23 Werktage

1 Punkt

Aufgabe 6

Wie lange besteht laut Mutterschutzgesetz ein absolutes Beschäftigungsverbot?

1 6 Wochen vor der Geburt

2 6 Wochen vor und 8 Wochen nach der Geburt

3 6 Wochen nach und 8 Wochen vor der Geburt ▶ ☐

4 8 Wochen nach der Geburt

5 8 Wochen vor der Geburt

1 Punkt

Aufgabe 7

Wann sollte eine Angestellte ihren Arbeitgeber laut Mutterschutzgesetz über ihre Schwangerschaft informieren?

1 drei Wochen nach Beginn der Schwangerschaft

2 drei Monate nach Beginn der Schwangerschaft

3 sobald sie von ihrer Schwangerschaft weiß ▶ ☐

4 Es ist ihr überlassen, wann sie es sagt.

5 fünf Monate vor dem berechneten Geburtstermin

1 Punkt

Aufgabe 8

Die im fünften Monat schwangere Jasmin wird wegen häufigen Zuspätkommens fristgerecht gekündigt. Ihr Arbeitgeber hat erst bei der Kündigung von ihrer Schwangerschaft erfahren. Ist die Kündigung rechtens?

1 Ja, denn der Arbeitgeber hat fristgerecht gekündigt.

2 Ja, denn Jasmin hat nichts von ihrer Schwangerschaft erzählt.

3 Die Kündigung ist nur gültig, wenn sie schriftlich erfolgt ist. ▶ ☐

4 Nein, denn sie hat auch dann einen Kündigungsschutz, wenn sie erst bei der Kündigung ihren Arbeitgeber von der Schwangerschaft in Kenntnis setzt.

5 Ja, da Jasmin häufig zu spät gekommen ist.

1 Punkt

Aufgabe 9

Zwischen welchen Parteien werden Betriebsvereinbarungen getroffen?

1 zwischen Gewerkschaft und Betrieb

2 zwischen Arbeitgeberverbänden und Gewerkschaften

3 zwischen Arbeitgeberverbänden und Betrieben ▶ ☐

4 zwischen dem Betriebsrat und dem Arbeitgeber

5 zwischen allen Betrieben einer Branche

1 Punkt

Aufgabe 10

Bei welchen Bestimmungen handelt sich es um eine Betriebsvereinbarung und um **keine** gesetzliche Bestimmung?

1 Die Auszubildenden werden für die Berufsschulzeit vom Unterricht freigestellt.

2 Auszubildende bekommen einen Rabatt von 40 % auf Kleidung, damit sie entsprechend gekleidet sind.

3 Auszubildende müssen einen Ausbildungsnachweis führen. ▶ ☐

4 Jugendliche unter 18 Jahren sollen nur zwischen 6.00 Uhr und 20.00 Uhr beschäftigt werden.

5 Jugendliche dürfen nicht mehr als acht Stunden täglich und nicht mehr als 40 Stunden wöchentlich beschäftigt werden.

1 Punkt

Aufgabe 11

Welche Auswirkung hätte es für Elias Töpfer (MFA), wenn dieser in den Betriebsrat der Klinik gewählt werden würde?

1 Er würde automatisch von seiner bisherigen Tätigkeit freigestellt und würde hauptamtlich als Betriebsrat arbeiten.

2 Er hätte einen Anspruch auf zusätzliche Urlaubstage.

3 Er dürfte früher in den Ruhestand. ▶ ☐

4 Er würde ab dem Tag seiner Wahl besonderen Kündigungsschutz genießen.

5 Er würde von der Gewerkschaft einen Lohnzuschuss erhalten.

1 Punkt

Aufgabe 12

Der Tarifvertrag wurde gekündigt und die neuen Tarifverhandlungen zwischen Arbeitgebern und Gewerkschaften laufen äußerst schwierig. Welche Behauptung trifft in diesem Fall für Warnstreiks zu?

1 Jedes Schlichtungsverfahren wird durch einen Warnstreik überflüssig.

2 Um einen Warnstreik rechtlich zulässig durchführen zu können, muss im gesamten Tarifgebiet die Arbeit niedergelegt werden.

3 Warnstreiks dürfen nur zeitlich begrenzt durchgeführt werden. ▶ ☐

4 Warnstreiks dürfen nur nach einer Urabstimmung durchgeführt werden.

5 Nach einer Aussperrung durch die Arbeitgeber sind Warnstreiks nur dann erlaubt, wenn es zunächst ein Schlichtungsverfahren gibt.

1 Punkt

Aufgabe 13

Angestellte Arbeitnehmer*innen in Deutschland müssen Rentenversicherung bezahlen. Welche Leistung wird **nicht** von der Rentenversicherung erbracht?

1 Zahlung von Altersrenten

2 Zahlung von Hinterbliebenenrente

3 Zahlung von Zuschüssen zur Krankenversicherung bei Rentnern ▶ ☐

4 Zahlungen von Renten nach einem Arbeitsunfall

5 Zahlungen zur beruflichen und medizinischen Rehabilitation

1 Punkt

Aufgabe 14

An welchem Gericht werden Streitfälle zum Rentengesetz verhandelt?

1 Sozialgericht

2 Arbeitsgericht

3 Verwaltungsgericht ▶ ☐

4 Finanzgericht

5 Zivil- und Strafgericht

1 Punkt

Aufgabe 15

Der MFA Tatjana wird von ihrem Arbeitgeber Herrn Dr. Frech fristlos gekündigt, da sie vorhat, die Praxis zu wechseln. Welches Gericht ist in diesem Fall zuständig?

1 Sozialgericht

2 Arbeitsgericht

3 Verwaltungsgericht ▶ ☐

4 Finanzgericht

5 Amtsgericht

2 Punkte

Aufgabe 16

Ordnen Sie zu, indem Sie die Kennziffern von zwei der insgesamt fünf Gesetze in die Kästchen bei den entsprechenden Sachfragen eintragen.

Gesetze:

1 Betriebsverfassungsgesetz

2 Mutterschutzgesetz

3 Berufsbildungsgesetz

4 Jugendarbeitsschutzgesetz

5 Arbeitszeitgesetz

Sachfragen:

Arbeitszeit von Pia (MFA, 40 Jahre) ▶ ☐

Beendigung Ausbildungsverhältnis ▶ ☐

1 Punkt

Aufgabe 17

Der Krankenversicherungsbeitrag eines bzw. einer arbeitslosen MFA wird übernommen. Wer zahlt diesen?

1 Ärztekammer
2 Berufsgenossenschaft
3 Krankenkasse ▶ ☐
4 Bundesagentur für Arbeit
5 letzter Arbeitgeber

1 Punkt

Aufgabe 18

Um welche Art der Arbeitslosigkeit handelt es sich, wenn aufgrund von sich verändernden Klimabedingungen im Jahresverlauf der Arbeitskräftebedarf sinkt.

1 Regionale Arbeitslosigkeit
2 Friktionelle Arbeitslosigkeit
3 Saisonale Arbeitslosigkeit ▶ ☐
4 Strukturelle Arbeitslosigkeit
5 Konjunkturelle Arbeitslosigkeit

1 Punkt

Aufgabe 19

Bis zu wie vielen Tagen dürfen Beschäftigte laut Pflegezeitgesetz § 2 (Kurzzeitige Arbeitsverhinderung) der Arbeit fernbleiben, um einem nahen pflegebedürftigen Angehörigen zu helfen?

1 2 Tage
2 3 Tage
3 5 Tage ▶ ☐
4 10 Tage
5 14 Tage

2 Punkte

Aufgabe 20

Ordnen Sie zu, indem Sie die Kennziffern von zwei der insgesamt fünf Versicherungen in die Kästchen bei den entsprechenden Versicherungsarten eintragen.

Versicherungen:	Versicherungsart:	
1 Hausratversicherung		
2 Lebensversicherung	Sachversicherung	▶ ☐
3 gesetzliche Rentenversicherung	Vermögensversicherung	▶ ☐
4 private Krankenversicherung		
5 Rechtsschutzversicherung		

1 Punkt

Aufgabe 21

Welche der folgenden gesetzlichen Sozialversicherungen weist **keine** Beitragsbemessungsgrenze auf?

1 Arbeitslosenversicherung
2 Pflegeversicherung
3 Unfallversicherung
4 Rentenversicherung
5 Krankenversicherung

▶ ☐

1 Punkt

Aufgabe 22

Welche Aussage zu den Bundesländern in der Bundesrepublik Deutschland ist falsch?

1 Bayern weist die größte Fläche aller Bundesländer auf.
2 Die Landeshauptstadt von Nordrhein-Westfalen ist Düsseldorf.
3 Bildung ist ein Bereich, für den vor allem die Länder zuständig sind.
4 Es gibt 16 Bundesländer.
5 Berlin ist die Landeshauptstadt von Brandenburg.

▶ ☐

1 Punkt

Aufgabe 23

Welche Aussage beschreibt das aktive Wahlrecht?

1 Eine Person hat das Recht, zu wählen.
2 Eine Person hat das Recht, gewählt zu werden.
3 Eine Person hat das Recht, einer Partei beizutreten.
4 Eine Person hat das Recht, eine Wahlversammlung zu organisieren.
5 Eine Person kann für eine Wahl vorgeschlagen werden.

▶ ☐

1 Punkt

Aufgabe 24

Wie nennt man die in der Bundesrepublik Deutschland bestehende Wirtschaftsform?

1 Zentralwirtschaft
2 Soziale Marktwirtschaft
3 Freie Marktwirtschaft
4 Sozialistische Marktwirtschaft
5 Planwirtschaft

▶ ☐

1 Punkt

Aufgabe 25

Welche Situation in der freien Marktwirtschaft erweist sich für einen Verkäufer bzw. eine Verkäuferin als besonders gut?

1 Dem Angebot steht eine niedrige Nachfrage entgegen.

2 Die Nachfrage stagniert.

3 Das Angebot ist größer als die Nachfrage. ▶ ☐

4 Die Nachfrage ist höher als das Angebot.

5 Angebot und Nachfrage sind gleich groß.

1 Punkt

Aufgabe 26

Welche der folgenden Maßnahmen der Konjunkturpolitik wirkt konjunkturbelebend?

1 Reduzierung öffentlicher Ausgaben

2 Kürzung der Subventionen für energiesparende Produktion

3 Senkung des Umsatzsteuersatzes ▶ ☐

4 Senkung der Abschreibungsmöglichkeiten

5 Erhöhung des Einkommensteuersatzes

1 Punkt

Aufgabe 27

Welcher Indikator eignet sich am besten als Frühindikator, um eine Konjunkturprognose durchzuführen?

1 Arbeitslosenquote

2 Verbraucherpreisindex

3 Leitzins ▶ ☐

4 Auftragseingänge in der Industrie

5 Kapazitätsauslastung

1 Punkt

Aufgabe 28

Ein Pharmakonzern lässt aus Kostengründen nur noch in Asien produzieren. Unter welchem Stichwort ist diese Entwicklung am ehesten einzuordnen?

1 Rezession

2 Monopolisierung

3 Globalisierung ▶ ☐

4 Expansion

5 Manipulation

Lösungen

Teil 1: Behandlungsassistenz

Aufgabe 1

___ von 1 P.

a) *Hinweis: Den Fachausdruck Morbilli-Viren können Sie hier natürlich auch nennen.*
Masernviren

___ von 1 P.

b) 2 flüssigkeitsgefüllte Bläschen auf der Haut

___ von 1 P.

c) Tröpfcheninfektion

___ von 3 P.

d) *Hinweis: Hier sind viele verschiedene Beispiele möglich. In der Aufgabenstellung sind nur drei Beispiele für Komplikationen gefordert.*
z. B. Enzephalitis (Entzündung des Gehirns), SSPE (subakute sklerosierende Panenzephalitis), Pneumonie, Bronchitis, Otitis media, bakterielle Superinfektion

___ von 1 P.

e) Zeitraum zwischen Ansteckung und dem Auftreten der ersten Symptome

___ von 1 P.

f) 4 Masern – Mumps – Röteln – ggf. Varizellen

___ von 1 P.

g) Primärprävention

___ von 6 P.

h)

1	Gabe von Antikörpern	2
2	Gabe von Antigenen	1
3	Schutz hält u. U. lebenslang	1
4	sofortiger Impfschutz vorhanden	2
5	Gabe von Toxoiden	1
6	Organismus bildet erst Antikörper	1

___ von 2 P.

i) Lagerung im Kühlschrank; nicht in der Kühlschranktür *(⇒ Unterbrechung der Kühlkette beim Öffnen; grundsätzlich dort höhere Temperatur; v. a. wichtig für Lebendimpfstoffe)*; nicht im Gefrierfach oder an der Rückwand des Kühlschranks *(Ampullen können durch das An-/Einfrieren Risse bekommen, somit nicht mehr steril, schlechtere Verträglichkeit, ggf. dadurch Spritzenabszesse)*

___ von 1 P.

j) 4 Name und Unterschrift der bzw. des impfenden MFA ist zu notieren.

___ von 6 P.

k)

Tetanus	2
Röteln	1
Varizellen	1
Diphtherie	2
Pertussis	2
Mumps	1

Aufgabe 2

___ von 1 P. a) Anaphylaktischer Schock/Anaphylaxie

___ von 1 P. b) *Hinweis: Nach dem Erstkontakt kommt es zunächst zu einer Sensibilisierung. Der Körper bildet Antikörper gegen das Allergen.*

3 Bereits beim ersten Kontakt mit dem Allergen kann eine allergische Reaktion erfolgen.

___ von 3 P. c) 2 Immunglobuline E (IgE)

4 Mastozyten

5 Basophile Granulozyten

___ von 1 P. d) 5 a – d

___ von 2 P. e) Patientin liegt flach auf dem Rücken, die Beine werden erhöht gelagert (über Kopfniveau).

___ von 2 P. f) *Hinweis: Laut Aufgabenstellung müssen Sie nur zwei der folgenden Tests nennen. Beim Patchtest werden potenzielle Allergene für ca. 24 Stunden stark verdünnt auf die gesunde Rückenhaut appliziert. Beim Reibtest werden potenzielle Allergene auf die Innenseite des Unterarms gerieben. Für den Scratchtest wird die Haut oberflächlich angeritzt und dann potenzielle Allergene aufgetragen. Beim Pricktest werden diese zuerst aufgetragen und danach die Haut mit einer Lanzette eingestochen. Wird das potenzielle Allergen intracutan injiziert, handelt es sich um einen Intrakutantest.*

Patchtest, Reibtest, Scratchtest, Pricktest, Intrakutantest

___ von 1 P. g) 2 b – d – e

___ von 1 P. h) 4 M. vastus lateralis

___ von 1 P. i) *Hinweis: Bei dieser Therapie appliziert man dem Körper ein Allergen in so geringer Menge, dass dadurch noch keine allergische Reaktion ausgelöst wird. Diese Dosis wird allmählich in regelmäßigen Zeitabständen gesteigert, bis die sog. Höchst- bzw. Erhaltungsdosis erreicht ist. Der Organismus „toleriert" nun das Allergen ohne allergische Reaktion.*

Spezifische Immuntherapie, auch Hyposensibilisierung oder manchmal auch Desensibilisierung genannt

___ von 5 P. j) *Hinweis: 03030 ist die Versichertenpauschale bei unvorhergesehener Inanspruchnahme zwischen 19.00 und 7.00 Uhr. Würde die Patientin im selben Quartal noch mal regulär in die Sprechstunde kommen, müsste die 03030 gestrichen und dafür die 03000 berechnet werden. Da die Patientin aber erst im folgenden Quartal (hier: 07.07.) den nächsten regulären Arzt-Patienten-Kontakt hat, darf die 03030 stehen bleiben (ab dem neuen Quartal beginnt ein neuer Behandlungsfall), für das neue Quartal wird nun die 03000 berechnet.*

23.06.: 01412, 40222 bzw. Z2, 03030

07.07.: 03000, 30111

Aufgabe 3

___ von 4 P.

a) Calcaneus [3]

Talus [4]

Fibula [1]

Tibia [2]

___ von 1 P.

b) Supinationstrauma

___ von 4 P.

c) P: Pause ⇒ Abbruch der sportlichen Belastung, Schonung
E: Eis ⇒ Kühlen
C: Compression ⇒ Kompressions-, Druckverband
H: Hochlagern des betroffenen Körperteils

___ von 4 P.

d) Distorsion: Verstauchung
Ruptur: Riss
Fraktur: Knochenbruch
lateral: seitlich (gelegen)

___ von 3 P.

e) *Hinweis: Zur Lösung der Aufgabe sind drei Frakturzeichen ausreichend.*
- abnorme Beweglichkeit
- hörbares Knochenreiben an der Bruchstelle (Krepitation)
- abnorme Fehlstellung
- sichtbare Knochenfragmente (offener Bruch)

___ von 1 P.

f) Muster 16 (oft auch als „rotes" Rezept oder Kassenrezept bezeichnet)

___ von 1 P.

g) Feld 7, Hilfsmittel

___ von 1 P.

h) *Hinweis: Ob nun genau 28 Tage (4 Wochen) oder 30 Tage (1 Monat) ist abhängig von der Krankenkasse und vom Bundesland.*

4 Wochen bzw. 28 Tage

___ von 1 P.

i) Antiphlogistikum/Antiphlogistika

___ von 1 P.

j) Heilmittelverordnung (Muster 13)

Aufgabe 4

___ von 2 P.

a) *Hinweis: Es sind nur zwei Beispiele gefordert. Im Folgenden finden Sie einige Möglichkeiten.*
- Eier (roh bzw. nicht völlig gegart)
- Mayonnaise
- Speisen mit Teig und Cremes auf Eierbasis (z. B. Tiramisu)
- Speiseeis
- rohes/nicht durchgegartes Fleisch

___ von 1 P. b) *Hinweis: Andere Möglichkeiten wären ein Rektalabstrich oder der Erregernachweis aus dem Erbrochenen und den verdächtigen Lebensmitteln, falls noch möglich.*
Stuhl auf pathogene Keime untersuchen; ggf. auch Blutkultur

___ von 3 P. c) Durchfall = Diarrhoe [1]
Erbrechen = Emesis [4]
Austrocknung = Exsikkose [5]

___ von 4 P. d) *Hinweis: Andere Möglichkeiten wären hier Chlorid, Bicarbonat und Phosphat.*
Natrium, Magnesium, Kalium, Calcium

___ von 1 P. e) [3] Schon der Verdacht auf Salmonellose ist namentlich meldepflichtig, wenn mehrere Personen erkrankt sind oder die Person im Lebensmittelbereich arbeitet.

___ von 1 P. f) [3] Bei korrekter hygienischer Händedesinfektion werden alle Keime abgetötet.

___ von 1 P. g) mäanderförmige Desinfektion

___ von 1 P. h) Entzündung des Wurmfortsatzes

___ von 3 P. i) [2] Blinddarm (Caecum)
[3] Mastdarm/Enddarm (Rektum)
[4] Wurmfortsatz (Appendix vermiformis)

___ von 10 P.

Aufgabe 5

Hinweis: Bei der GU darf unter anderem die Ziffer 1 (Beratung) nicht abgerechnet werden. Während die Blutentnahme nach EBM nicht exakt abgerechnet werden kann, ist dies bei Privatliquidationen möglich. Die Bezeichnungen in Klammern müssen Sie zur vollständigen Lösung der Aufgabe nicht angeben.

Tag 1: GOÄ: 29 (GU) – 250 (Blutentnahme) – 3560 (Glucose) – 3511 (Urinteststreifen) – 3562 (Cholesterin gesamt) – 3563 (HDL) – 3564 (LDL) – 3565 (Triglyceride)

Tag 2: GOÄ: 1 (Beratung) – 654 (Langzeit-RR)

___ von 10 P.

Aufgabe 6

Hinweis: Die Reihenfolge der Ziffern ist prinzipiell egal, sie müssen nur dem jeweiligen Tag zugeordnet werden. Beratung (1) kann bis auf wenige Ausnahmen immer abgerechnet werden. Unter der vollständigen Untersuchung eines Organsystems (7) sind hier die Stütz- und Bewegungsorgane gemeint. Die Ärztin untersucht den Bewegungsapparat eingehend nach weiteren Verletzungen. Weitere Punkte am Tag 1 sind die Infiltrationsanästhesie großer Bezirke (491), Versorgung einer großen Wunde einschließlich Naht (2004) und Verband (200). An Tag 2 kann die Beratung (1), symptombezogene Untersuchung (5), dabei wird nur das verletzte Bein untersucht, und der Verband (200) abgerechnet werden. An Tag 3 wird neben der Beratung (1) auch die Fadenentfernung (2007), diese darf im Gegensatz zum EBM hier abgerechnet werden, und der Verband (200), wozu auch ein Pflaster zählt, eingetragen.

Tag 1: GOÄ: 1 – 7 – 491 – 2004 – 200

Tag 2: GOÄ: 1 – 5 – 200

Tag 3: GOÄ: 1 – 2007 – 200

So viele Punkte habe ich erreicht: ________

So lange habe ich gebraucht: ________

Teil 2: Betriebsorganisation und -verwaltung

Aufgabe 1

___ von 1 P. a) *Hinweis: Die Probezeit beträgt mindestens einen Monat und maximal vier Monate.*
31. August

___ von 1 P. b) Berufsbildungsgesetz

___ von 1 P. c) Lohn- und Gehaltstarifvertrag

___ von 2 P. d) *Hinweis: Im Folgenden sind zwei Beispiele aufgeführt. Teilzeitbeschäftigung wäre eine weitere mögliche Antwort.*
- Gehälter für ausgelernte MFA
- Zuschläge (Feiertage, Überstunden etc.)

___ von 2 P. e) [2] Tarifvertrag zur betrieblichen Altersvorsorge und Entgeltumwandlung
[5] Manteltarifvertrag

___ von 3 P. f) *Hinweis: Auch eine nur teilweise absolvierte Ausbildung im gleichen Bereich (z. B. ZFA) kann angerechnet werden.*
- Umschulung
- eine bereits abgeschlossene Berufsausbildung
- bereits erworbene Hochschul- bzw. Fachhochschulreife

___ von 1 P. g) [3] Der Ausbildungsvertrag wird auf Verlangen von Frank um ein Jahr verlängert.

___ von 3 P. h) Dreisatz mit geradem Verhältnis:

$$38{,}5\ \text{h} = 805{,}00\ €$$

$$25\ \text{h} = x\ €$$

$$x = \frac{25\ \text{h} \cdot 805{,}00\ €}{38{,}5\ \text{h}} = 522{,}73\ €$$

Aufgabe 2

___ von 3 P.

a) BTM-Rezeptdurchschrift | 3

Patientenakte | 10

Aufzeichnungen über Röntgenstrahlenbehandlung | 30

Durchschlag der Arbeitsunfähigkeitsbescheinigung | 1

Röntgenbilder bei einem Durchgangsarzt | 15

Dokumentation der Gesundheitsuntersuchung | 5

___ von 2 P.

b) *Hinweis: Dokumente der Buchführung werden 10 Jahre ab dem Ende des Kalenderjahres, in dem sie ausgestellt wurden, aufbewahrt.*

Dokumente der Buchführung, wie z. B. auch die Quittungsdurchschrift einer IGeL-Leistung werden 10 Jahre ab dem Ende des Kalenderjahres, in dem sie ausgestellt wurden, aufbewahrt.

___ von 1 P.

c) Nein, ein Aufklärungsgespräch darf nur ein Arzt bzw. eine Ärztin führen.

___ von 3 P.

d)
- Patient*in verzichtet selbst auf das Gespräch
- bei der Befürchtung größter psychischer Schäden beim Patienten bzw. der Patientin (z. B. Suizidgedanken)
- wenn die Wahrscheinlichkeit für den Eintritt eines Schadens so gering ist, dass der Patient bzw. die Patientin trotz Aufklärung eingewilligt hätte (z. B. blauer Fleck nach Impfung)

___ von 3 P.

e) *Hinweis: Da das Geburtstagsgeschenk einen rein rechtlichen Vorteil darstellt, ist dieses Rechtsgeschäft wirksam. Ein Ratenkauf unter 18 Jahre ist nichtig. Der dritte Fall ist als schwebend unwirksam zu werten, solange Franks Eltern dem Kauf nicht zustimmen.*

Rechtsgeschäft:	wirksam	unwirksam	schwebend unwirksam
Frank bekommt von seiner Großmutter 500,00 € zu seinem Geburtstag geschenkt.	☒	☐	☐
Frank kauft sich von den 500,00 € ein neues Smartphone auf Raten.	☐	☒	☐
Frank kauft sich von den 500,00 € einen Bluetooth-Lautsprecher.	☐	☐	☒

___ von 1 P.

f) Patienten und Patientinnen werden z. B. an Vorsorgeuntersuchungen, Impfungen und Kontrollen erinnert.

___ von 1 P.

g) Der Patient bzw. die Patientin muss zustimmen.

___ von 3 P.

h) $5\,P + 8\,P + 3\,P + 10\,P + 4\,P = 30\,P$

$$\frac{30\,P}{5\,d\,/\,W} = 6\frac{P}{W}$$

Aufgabe 3

___ von 2 P.

a) Nein, ein unbefristetes Angebot ist nur während der Zeit des Telefonats gültig.

___ von 1 P.

b) durch Abgabe zweier übereinstimmender Willenserklärungen

___ von 1 P.

c) *Hinweis: Herr Fischer muss nun die zweite Willenserklärung – die Annahme – z. B. durch eine Auftragsbestätigung oder durch Lieferung tätigen, damit ein Kaufvertrag zustande kommt.*

Antrag zum Kaufvertragsabschluss

___ von 4 P.

d) MediBedarf GmbH:

- Übergabe von sach- und rechtsmängelfreier Ware
- Übertragung des Eigentums an die Käufer

Praxis Dr. Hader/Dr. Weiser:

- Zahlung des vereinbarten Kaufpreises
- Annahme der Ware

___ von 5 P.

e) *Hinweis: Die 97 % berechnen sich wie folgt: 100 % – 3 % Skonto.*

1. 24.04.2020:

Überweisungsbetrag = Rechnungsbetrag · 97 %

Überweisungsbetrag = 1.995,00 € · 97 % = $\underline{\underline{1.935,15\ €}}$

Hinweis: Im Fall 2 gilt Netto Kasse Zahlung, also voller Rechnungsbetrag.

2. 10.05.2020:

Überweisungsbetrag = Rechnungsbetrag

Überweisungsbetrag = $\underline{\underline{1.995,00\ €}}$

Hinweis: Letzter Tag des Zahlungsziels ist der 14.05.2020.

3. 17.06.2020:

Überweisungsbetrag = Rechnungsbetrag + Verzugszinsen

Ges.: Z (Zinsen in €)

Geg.: K = 1.995,00 €

P = 6 %

$t = (30\ d - 14\ d) + 17\ d = 33\ d$

(Mai) (Juni)

$$Z = \frac{(K \cdot p \cdot t)}{(100 \cdot 360)} = \frac{(1.995{,}00 \cdot 6 \cdot 33)}{36.000} = 10{,}97\ €$$

Überweisungsbetrag = 1.995,00 € + 10,97 € = $\underline{\underline{2.005,97\ €}}$

___ von 3 P.

f) Ges.: p (Prozentsatz in %)

Geg.: $K = 440{,}00\ €$

$Z = 455{,}60\ € - 440{,}00\ € - 10{,}00\ €$ (Mahngebühren) $= 5{,}60\ €$

$t = (30\ d - 20\ d) + 30\ d + 20\ d = 60\ d$

(Juni) (Juli) (August)

$$p = \frac{(Z \cdot 36.000)}{(K \cdot t)}$$

$$= \frac{(5{,}60 \cdot 36.000)}{(440{,}00 \cdot 60)}$$

$$= \underline{\underline{7{,}64\ \%}}$$

Aufgabe 4

___ von 2 P.

a) Einheitliches/unverwechselbares Auftreten eines Unternehmens bzw. einer Praxis und Abgrenzung zu anderen Unternehmen bzw. Praxen.

___ von 2 P.

b) *Hinweis: Hier sind auch weitere alternative Nennungen möglich.*

- einheitliche Arbeitskleidung
- einheitliche Ansprache am Telefon
- gemeinsam erarbeitetes Leitbild (Werte)
- standardisierte Entscheidungsfindung z. B. über Teambesprechungen

___ von 1 P.

c) *Hinweis: Alternativen, wie Homepage, sind auch möglich.*

- Zeitungsannoncen
- Plakate an/in öffentlichen Verkehrsmitteln

___ von 3 P.

d) *Hinweis: Die Sendung wird im Großbrief nicht geknickt, nur persönlich an den Rahmenbauer oder einen Bevollmächtigten übergeben und die Annahmeunterschrift per Brief an die Praxis geschickt.*

Großbrief + Einschreiben + Eigenhändig + Rückschein

1,60 € + 2,65 € + 2,20 € + 2,20 € = 8,65 €

___ von 2 P.

e) Sicherstellung der datenschutzkonformen Übermittlung von elektronischen Gesundheitsdaten eines Patienten bzw. einer Patientin zwischen den an der Behandlung Beteiligten (z. B. Arztpraxis, Krankenhaus, Apotheke, etc.)

___ von 4 P.

f) *Hinweis: Es sind nur vier Nennungen verlangt.*

- modernes Versichertenstammdatenmanagement
- elektronische Gesundheitskarte
- elektronische Notfalldaten
- elektronischer Medikationsplan
- elektronische Patientenakte
- telemedizinische Anwendungen

____ von 1 P. g) Der Patient bzw. die Patientin

____ von 2 P. h) Um auf die medizinischen Daten der Gesundheitskarte zugreifen zu können, benötigt der Arzt bzw. die Ärztin den elektronischen Heilberufsausweis und der Patient bzw. die Patientin die elektronische Gesundheitskarte.

Aufgabe 5

____ von 6 P. a)

	Ausbildungsvertrag	**Arbeitsvertrag**
… Dauer der Probezeit	ein bis vier Monate *(Hinweis: § 20 BBiG)*	null bis sechs Monate *(Hinweis: § 622 BGB)*
… Form des Abschlusses	schriftlich *(Hinweis: § 11 BBiG)*	formfrei, aber Niederschrift der wichtigsten Inhalte spätestens nach einem Monat durch AG *(Hinweis: § 2 Abs. 1 Satz 1 NachwG)*
… Vertragsdauer	i. d. R. drei Jahre	befristet oder unbefristet

____ von 2 P. b) Dauer des Jahresurlaubs ☒

Bankverbindung des Arbeitnehmers ☐

Höhe des Arbeitsentgelts ☒

Beginn und Ende des Arbeitstages ☐

____ von 1 P. c) [4] Einkünfte aus nichtselbstständiger Arbeit

____ von 2 P. d)

Erbschaftssteuer	**N**
Bewerbungsmappe	**W**
Kosten für eine Kur	**A**
Spenden an Amnesty International	**S**

So viele Punkte habe ich erreicht: ________

So lange habe ich gebraucht: ________

Teil 3: Wirtschafts- und Sozialkunde

___ von 1 P.

Aufgabe 1

2 30. November

___ von 1 P.

Aufgabe 2

Hinweis: Frau Fenzls Pause muss mindestens eine Stunde vor Arbeitsende stattfinden.

3 Am Freitag arbeitet Frau Fenzl nur von 8.00 Uhr bis 13.00 Uhr. Sie macht ihre halbstündige Pause um 12.30 Uhr, um früher gehen zu können.

___ von 1 P.

Aufgabe 3

Hinweis: Die Pausenregelung wird nicht im Berufsbildungsgesetz § 11 genannt.

5 Pausenregelung

___ von 1 P.

Aufgabe 4

1 Sie kann ohne Angabe von Gründen mit der Einwilligung ihrer Eltern fristlos schriftlich kündigen.

___ von 1 P.

Aufgabe 5

Hinweis: Richtig sind mindestens 27 Werktage, da John zu Beginn des Kalenderjahres 2021 noch nicht 17 Jahre alt war.

1 27 Werktage

___ von 1 P.

Aufgabe 6

4 8 Wochen nach der Geburt

___ von 1 P.

Aufgabe 7

Hinweis: Sobald ihnen ihr Zustand bekannt ist, sollten Schwangere ihren Arbeitgeber von der Schwangerschaft in Kenntnis setzen und auch den voraussichtlichen Tag der Entbindung mitteilen, da der Arbeitgeber die Mutterschutzvorschriften nur befolgen kann, wenn er von der Schwangerschaft weiß. Es besteht seitens der werdenden Mutter jedoch in der Regel keine Verpflichtung, den Arbeitgeber über die Schwangerschaft zu informieren.

3 sobald sie von ihrer Schwangerschaft weiß

___ von 1 P.

Aufgabe 8

4 Nein, denn sie hat auch dann einen Kündigungsschutz, wenn sie erst bei der Kündigung ihren Arbeitgeber von der Schwangerschaft in Kenntnis setzt.

____ von 1 P.

Aufgabe 9

4 zwischen dem Betriebsrat und dem Arbeitgeber

____ von 1 P.

Aufgabe 10

2 Auszubildende bekommen einen Rabatt von 40 % auf Kleidung, damit sie entsprechend gekleidet sind.

____ von 1 P.

Aufgabe 11

Hinweis: Eine Freistellung erfolgt nur, wenn der Betrieb ausreichend groß ist (ab einer Belegschaft von 200 Personen z. B. für einen Betriebsrat). Da es sich um ein Ehrenamt handelt, gibt es weder zusätzlichen Urlaub oder mehr Gehalt noch eine bessere Ruhestandsregelung. Lediglich der besondere Kündigungsschutz dient dazu, dass sich die gewählten Betriebsratsmitglieder aus gesicherter Position heraus mit den Arbeitgebern auseinandersetzen können.

4 Er würde ab dem Tag seiner Wahl besonderen Kündigungsschutz genießen.

____ von 1 P.

Aufgabe 12

Hinweis: Der Warnstreik ist eine Form der üblichen Arbeitsniederlegung als kurzer Streik in einem Betrieb mit sachlichem und zeitlichem Zusammenhang zu laufenden Tarifverhandlungen.

3 Warnstreiks dürfen nur zeitlich begrenzt durchgeführt werden.

____ von 1 P.

Aufgabe 13

4 Zahlungen von Renten nach einem Arbeitsunfall

____ von 1 P.

Aufgabe 14

1 Sozialgericht

____ von 1 P.

Aufgabe 15

2 Arbeitsgericht

____ von 2 P.

Aufgabe 16

Arbeitszeit von Pia (MFA, 40 Jahre) 5

Beendigung Ausbildungsverhältnis 3

____ von 1 P.

Aufgabe 17

4 Bundesagentur für Arbeit

___ von 1 P.

Aufgabe 18

Hinweis: Ein Beispiel wäre hier Arbeitslosigkeit, die in den Wintermonaten in der Landwirtschaft auftritt.

[3] Saisonale Arbeitslosigkeit

___ von 1 P.

Aufgabe 19

[4] 10 Tage

___ von 2 P.

Aufgabe 20

Sachversicherung	[1]
Vermögensversicherung	[5]

___ von 1 P.

Aufgabe 21

[3] Unfallversicherung

___ von 1 P.

Aufgabe 22

Hinweis: Die Landeshauptstadt von Brandenburg ist Potsdam.

[5] Berlin ist die Landeshauptstadt von Brandenburg.

___ von 1 P.

Aufgabe 23

[1] Eine Person hat das Recht, zu wählen.

___ von 1 P.

Aufgabe 24

[2] Soziale Marktwirtschaft

___ von 1 P.

Aufgabe 25

[4] Die Nachfrage ist höher als das Angebot.

___ von 1 P.

Aufgabe 26

Hinweis: Durch steuerliche Entlastungen werden die Verbraucher zum Konsum angeregt, was sich positiv auf die Konjunktur auswirken würde. Alle anderen Maßnahmen wirken konjunkturdämpfend.

[3] Senkung des Umsatzsteuersatzes

___ von 1 P.

Aufgabe 27

Hinweis: Der Leitzins und die Kapazitätsauslastung sind Gegenwartsindikatoren, der Verbraucherpreisindex und die Arbeitslosenquote Spätindikatoren.

[4] Auftragseingänge in der Industrie

___ von 1 P.

Aufgabe 28

[3] Globalisierung

So viele Punkte habe ich erreicht: ________

So lange habe ich gebraucht: ________